"育心"教学法

——基于积极心理的教育研究与实践

孙文欣　著

中国海洋大学出版社

·青岛·

图书在版编目(CIP)数据

"育心"教学法：基于积极心理的教育研究与实践 / 孙文欣著. —— 青岛：中国海洋大学出版社，2024.4

ISBN 978－7－5670－3639－0

Ⅰ. ①育… Ⅱ. ①孙… Ⅲ. ①小学生－心理健康－健康教育－研究 Ⅳ. ①G444

中国国家版本馆 CIP 数据核字(2023)第 182449 号

"育心"教学法

——基于积极心理的教育研究与实践

出版发行	中国海洋大学出版社	
社　　址	青岛市香港东路 23 号	**邮政编码**　266071
网　　址	http://pub.ouc.edu.cn	
出 版 人	刘文菁	
责任编辑	郭周荣	
电　　话	0532-85902495	
电子邮箱	813241042@qq.com	
印　　制	青岛正商印刷有限公司	
版　　次	2024 年 4 月第 1 版	
印　　次	2024 年 4 月第 1 次印刷	
成品尺寸	170mm×230mm	
印　　张	17.5	
字　　数	200 千	
印　　数	1～1 000	
定　　价	68.00 元	
订购电话	0532-82032573(传真)	

如发现印装质量问题,请致电 82032573,由印刷厂负责调换

序　言

人类大脑的奥秘至今未被完全解开,但大脑与心理密切相关,因此"育心"也是"育脑"。人的大脑在小学阶段时仍然处于发育之中,所以为"育心"留下了很大的发挥空间。更何况人的感觉、知觉、记忆、情绪和意志行为,即我们所熟知的知、情、意等心理过程,以及我们耳熟能详的需要、动机、性格、气质和能力等个性心理品质,皆是伴随我们的一生,而这些都包含在心理素养的提升之列。

小学阶段是儿童人生的起步阶段,是他们从自然人向社会人过渡的重要时期。健康的心智、追求幸福的能力、优良的品格都是一个人过好一生的关键因素,而全面发展则会使学生受益终身。作为学校教育的主渠道——课堂教学,一直是培养学生全面发展最重要的阵地。如何把我们的目光从对各科教学目标的落实转变到着眼学生全面发展,是改进教育教学方式的重要目的。

积极心理学关注的是使生命更有价值和更有意义的东西,关注如何激发和实现人的潜能,主张以"积极"视角关注人的积极潜能。自我效能感、乐观、希望和韧性是人一生中重要的心理资本,积极的人格品质是人一生中非常核心的素养之一。基于积极心理学的"育心"教育重视学生的心灵健康和个性发展,这与中国传统文化的"以心育人"思想不谋而合。

孙文欣老师请我为她的新书写序,我诚惶诚恐,深知自己对小学的教育教学规律并无多少把握,但看到书名后我眼前一亮。伴着惊喜,我欣然接受,因为"育心"即是我的使命之所在。当然,"育心"不是件容易的事情。首先,"育心"的人必须是表率,将"育心"课程化、实现课程"育心"也是近几年诸多学者和教育工作者所践行的理念。孙老师将其融入了课程思政当中,助推立德树人,又有心理学能够达到的"心悦诚服"之功效,在发挥人的主观能动性和实现人的潜能方面,"育心"课程可以说是课程中的"王炸"。她能做得到吗?带着好奇,我一口气读完了十几万字的文稿,顿觉释然与惊喜,她竟然真的做到了。

基础教育课程改革提出要"丰富中小学生的直接经验和情感体验",因而要提前预设课堂观察点,既面向全体,又兼顾个体。孙老师在本书中就如何科学设计课堂观察量表、如何在课堂观察后科学分析各类观察数据、如何运用观课结果改进课堂教学给出了答案。教师在课堂上能否平等、友好、耐心地对待每位学生,表扬和批评都恰到好处;能否如春风般关心每一个学生,关注每一个学生的学习活动,激发每一个学生的学习兴趣;能否鼓励学生大胆地质疑问难,帮助学生形成良好的学习环境和方法。这些在本书提到的"育心"课堂的构建中都有建设性的设计。

难能可贵的是,孙老师根据课堂中学生的参与情况,将学生的合作有效性分为A、B、C、D四个等级,对每一个学生的课堂行为进行观察量化,并在"育心"课堂观察量表的基础上,专设了非智力因素观察等级量表,从学生的兴趣、意志、自信、自制力、荣誉感、体态语、积极程度、情绪情感、师生表情、焦虑程度、课前准备、互动习惯、求知欲望、对挫折的态度等方面进行了量化观察,具有可操作性,能够促使教师重视非智力因素对学生学习的影响。

"育心"教育,要关注学生核心素养的发展,指向学生适应终身发展和社会需要的必备品格和关键能力的提升,学生的学习能力、获取学习的方法是其重要内容。如何以学习力的提升为培养目标,让教法与学法优化成为撬动质量提升的有力杠杆,如何渔鱼兼授,促进学生核心素养的全面发展,书中给我们带来了很多思考和可供借鉴的经验。

孙老师在书中写道,培养什么样的人,怎样培养人和为谁培养人,这是学校必须明确的方向。学校从最初尝试开展心理健康教育活动到逐渐开始全面推进心理健康教育特色,从"育心"教学法的实践与推广到目前形成"育心"学校文化,一路走来,他们的追寻之路艰辛而执着。孙老师坚持每天做加法,寻找教育教学的生长点;同时又要做减法,寻找各项工作的整合点。在探索的过程中,一点一滴地积累,聚少成多,使探究之路越来越明晰。这是一种致力于"育心"的执着,更是一种以学生为本的态度和思想境界。

孙老师还特别强调,"育心"是一种文化,是一种精神,是一种追求,是一种氛围,是一种习惯。她在问卷调查中寻找答案,创造出一整套育心教学法,并在小学语文阅读课程中应用,收到了明显的成效。"基于心灵的教育关注的是人的内在""真善美是心灵的食粮""通过真善美根治人心才能实现人的全面发展",这样的教育理念具有深厚的文化底蕴和现实意义,对于指导当前教育实践具有积极的借鉴作用。

"育心"教育通过关注学生的情感世界,帮助学生学会表达情感、掌控情绪、理解他人情感,这些都是儿童健康成长所必需的。通过这些教育方法,学生可以更好地理解自己和他人的情感需求,从而建立良好的人际关系,培养积极向上的情感。"育心"教育注重从学生的内心出发,引导他们树立积极向上的人生价值观。

总之,"育心"教育与儿童成长的关系密不可分,"育心"教育的方法可以让学生的内心获得更多的成长,使他们成为具有强大生命力的人。"育心"教育能够更好地培养具有创新能力和担当精神的人才,符合现代化人才培养的要求。

这本书归纳出了"育心"教学法的三个发展阶段,即教学有法——教师建模阶段;贵在得法——学生入模阶段;教无定法——师生出模阶段;提出了"心理同步"是实施"育心"教学法的保障,"心理换位"是实施"育心"教学法的重要因素,并提出要"以行育心",全面立体育人,使课堂效果延伸,家校合力,让"育心"教学法走向家庭,这些理念都具有很强的理论价值和实践指导意义。

育人先"育心",立德先"立心"。由此,我认为,"树人就是树心。"育人"育心"、树人"树心",一个拥有父母孝心、祖国赤心、与人爱心、乐观开心的学生,一定会成为一个健康的人、积极的人和美好的人。办好人民满意的教育,就是要把我们的少年儿童培育成阳光灿烂的人、自信有力的人。倘如此,未来可期也。

是为序。

陶明达

目　录

第一章　问卷调查带来的思考

现代教育理论认为，在具体的教学过程中，教师的主导作用不能只关注其授课水平，更要看教师是否充分调动了学生的学习积极性、自觉性和主动性。在日常教育教学中，我们不难发现这样的现象，部分非常敬业的教师，在备课、上课、批改作业等各个环节中都非常认真，但奇怪的是，学生学习兴趣不高、学习效果不佳，甚至对教师的辛苦付出产生反感、厌烦的情绪。为何教师的付出与学生的收获不成正比？如何将影响教学质量的各项因素梳理优化并加以积极正向的引导？怎样改变这一高投入、低产出的现象？这一系列的思考引发了我们对小学学习方式现状的研究。

如何培养出具有终身自学能力的人才，逐渐成为教育的核心目标之一，而传统的教育过程对于学生养成科学的学习方式和自主学习的效果不甚理想。教学的重点仍然在"如何教得好"，而忽视了帮助学生"如何学得好"，这与社会需要的人才素质相去甚远。

随着"双减"时代的到来，让教育回归本质已是迫在眉睫。过去那些传统的一味凭借延长学习时间、增加训练强度、重复练习内容等高投入低产出的手段，短时间看是可以提高学习成绩的，但这对于学生的终身学习和未来发展来说无疑是饮鸩止渴、涸泽而渔。教师的"满堂灌"、学生的"被填鸭"，这些只看短期收益的教学方式不但不能激发学生的学习效能，反而会将学习的主动性和思维创造力几近扼杀。可见，学习的方式方法在学习过程中发挥着极其重要的作用，只有正确的、合适的学习方式，才是让学习事半功倍的根本原因。

小学阶段是学生系统学习的起始阶段，这一阶段是培养学生学习习惯与方法的黄金阶段。小学生的年龄特点使他们在感知方面存在以下特点：无意性和情绪性比较明显，他们非常容易被新鲜的事物所吸引，但经常忘记一开始所确立的主要目的；这个年龄段的学生注意力不够稳定，不易持久，集中注意力的能力较差，无意识记占比较大。在课堂上，学生对知识的学习主要通过无意识记完成，心理的内部稳定性较差，情感容易外露，这些都会影响无意识记，因此仅靠无意识记，不能保证学生获得系统的文化科学知识，也不能有效巩固课堂所学。因此，在我们的教学过程中，学生大量的学习内容应通过有意识记来获得。小学生更在意学习过程的趣味性，他们愿意听表扬，虽然有时候有自己的见解，但却非常容易被影响。这个年龄段的学生独立性和自觉性较差，在生活、学习等各方面需要教师的监督和具体指导，他们也愿意依靠老师，由老师来评价。

可见，正处于学习初始阶段的小学生可塑性极强，具有较高的模仿性与较好的接受性，因此对于学生学习方法的指导，其重要意义远远大于对知识的掌握程度。虽然现在大多数教师可以正确认识授之以"渔"和授之以"鱼"的区别，但是，现有的评价条件往往只突出了对于"鱼"的考察，家长们更是紧盯考试分数，对于学生的学习习惯是否良好、学习方式是否有效和学习方法是否恰当却鲜有关注，更没有评价指标来衡量。这种"老师不抓、家长不管"的状态，使学生的学习方式呈现自由发展的状态，缺乏关注与指导，对学生而言，长此下去势必会影响学习质量和效率。要改进现状，先要了解现状，我们首先从小学最基础的语文学科开始调查了解，进行数据分析。

第一节　小学生语文学科学习方式的测量与评估

在实践中我们发现，现有的问卷中，只有很少一部分是涉及学习方式的，也只停留在了解学习时间长短、学习地点的选择等方面。因此，我们首先考虑的是问卷的设计。对于问卷的设计，我们经历了很长时间的思考，就像教学中常说的，能提出好的问题，有时候比正确回答问题更宝贵。这也就意味着，我们要了解的问题，肯定是我们已经认定了的、会影响学生学习方式方法和学习效果的因素。第一套问卷主要围绕语文学科进行，主要考虑小学语文课时量最大，也是最基础、最重要的学科，针对此学科的问卷相对具体，学生答题过程会比较顺畅，得出的数据也会相对真实有效。问卷的题目，遵循尽量扩大范围的原则，这样可以帮助我们更多地了解学生现状，在后期的分析中，便于梳理出有效信息。

卷样一

小学生语文学习现状的调查问卷

1. 你觉得哪种学习方式更能吸引你？（　）

A. 老师细致的讲解

B. 生动有趣的多媒体课件（如视频、音频等）

C. 自己看书，有不明白的地方向老师或家长请教

D. 其他：请填写

2.（多选）你一般通过哪些途径识字？（　）

A. 在学校跟老师学习

B. 家长教

C. 用手机、电脑专用软件等

D. 在生活中看到路牌等信息

E. 报纸和书籍

3.（多选）在学习汉字的时候，你觉得比较难的是哪一部分？

（　）

A. 拼音调号读不准

B. 书写困难

C. 字形记不住

D. 很多字在不同的词语或句子中意思不确定

E. 相同读音的字容易混淆

F. 字形相近的字写错或添加笔画

4.（多选）你有什么好方法把汉字记得又对又快？（　）

A. 多写几遍

B. 自己想办法编儿歌

C. 根据汉字构字规律知识等

D. 其他：请填写

5.（多选）在课外阅读或生活中遇到生字时，你会怎么办？

（　）

A. 找一本字典查一查

B. 请教身边的人

C. 自己猜一猜

D 只要不影响继续读书就不管它

6. 你1分钟的阅读量有多少字？（　）

A. 200 字以上

B. 100～200 字

C. 50～100 字

D. 50 字以下

7. 在目前的学习中，你认为自己在哪方面存在不足？（　）

A. 基础知识掌握（如错别字较多、标点混乱）

B. 阅读理解文章（如无法理解文意）

C. 写作中（如偏题、记述出现流水账、描写单调乏味）

D. 其他：可填写

8. 你作文的好词好句从哪里积累来的？（　）

A. 课文中学过的

B. 课外书中看到的

C. 从电视中听过的

D. 看别的同学作文仿写的

9. 你对待作文的感觉如何？（　）

A. 非常喜欢，平时自己经常记录生活细节

B. 知道作文很重要，有决心写好

C. 能按要求写完作文

D. 非常抵触，不喜欢

10. 老师布置了写作文的作业，你的状态是什么样的？（　）

A. 很期待把自己平时的积累整理加工出来

B. 正好有一篇类似的作文可以借鉴

C. 按要求完成而已

D. 有些抵触，不喜欢写

E. 实在没有什么可写的，上网找一篇抄一抄

11. 哪种情况下你会对看过的文章印象深刻？（　）

A. 没有学习之前先背诵

B. 看过跟文章内容相关的电影或参加与文章内容相关的活动等

C. 学习完之后再背诵

D. 其他：请填写

12. 你一般如何进行阅读？（ ）

A. 只是走马观花地浏览

B. 会认真读几遍，但不会去思考

C. 喜欢读书，而且喜欢提问，还会主动交流和分享自己的阅读体会

13. 你通常花在课外阅读上的时间有多少？（ ）

A. 我从不读课外书

B. 我很少读，偶尔读一读感兴趣的书

C. 每天不超过 30 分钟

D. 每天 30～60 分钟

E. 每天 1～2 个小时

F. 每天 2 个小时以上

14.（多选）你在阅读文章和书籍时用过下列哪些阅读方法？（ ）

A. 默读（不出声地读）

B. 跳读（跳过与阅读目的不相干或者自己不感兴趣的内容）

C. 猜读（遇到不懂的地方或不认识的字，根据前后文去猜想）

D. 浏览（把默读、快读、跳读等方法结合起来读）

E. 精读（逐字逐句细细地往下读）

F. 朗读（大声读出来）

G. 互文阅读（选择同一主题或者相同题目的文章进行阅读，

在阅读中比较异同，加以理解）

15. 你读书时会把自己感兴趣的内容摘录下来或是写一点感想吗？（　）

A. 会，我经常这么做

B. 我偶尔这么做

C. 我读书时只管读下去，不做笔记

16. 你觉得为什么要完成作业？（　）

A. 老师布置了作业就要完成，这样能得到老师的表扬或奖励

B. 不完成就会被老师批评

C. 按时完成作业能养成良好的学习习惯，提高自主学习和独立解决问题的能力

D. 班里其他同学都会完成，我也完成

E. 家长让我按照老师的要求完成作业

F. 不完成会被家长批评或惩罚

17. （多选）你预习语文主要的做法是？（　）

A. 流利朗读课文，认写生字词

B. 阅读课文，了解主要内容，标出自然段

C. 找出课文中的重点词句并加以理解，思考课后练习题

D. 能通过预习，做相关的练习题

18. 对于老师布置的作业，你是怎样完成的？（　）

A. 独立认真完成

B. 需要家长提醒或监督，不会的题目与同学讨论

C. 家长提醒后仍然不能完成，到做好的同学那儿抄一下

D. 不做

19. 课堂上你是怎样学习的？（　）

A. 边听边想边记

B. 和老师同学进行讨论

C. 只是坐在那儿

D. 老师讲就听

20. 在课堂上你常处于什么状态？（　　）

A. 发呆或开小差

B. 以听老师讲为主

C. 有时处于思考中

D. 积极参与活动，主动表达自己的看法

21. 老师讲解时你觉得不太对，你认为是什么情况？（　　）

A. 老师讲错了，我要告诉老师

B. 问问同学，是不是我听错了

C. 老师不可能出错，我照着抄上就行了

D. 其他：请填写

22.（多选）如果我们的语文课要做出改变，你希望怎么改呢？
（　　）

A. 老师要把课讲得有趣一点，这样我就不会走神了

B. 希望给我们每天留出一些时间看看课外书

C. 让我们多写多练，提高考试分数

D. 老师要教同学们怎么读书，要让我们读得又快又多又好

E. 老师对我们多露出笑脸，开心一点

23. 目前，你在学习过程中的状态如何？学习效果怎样？（　　）

A. 我很努力，学习效果很好

B. 我很努力，但学习效果一般

C. 从现在开始，我要努力学习

D. 反正我已经学成这样了，随便吧

24. 你在学习语文的过程中遇到的最大的困难是什么？（　　）

A. 听不懂老师讲课

B. 说不出想说的内容

C. 读课文困难

D. 不会写作文

E. 学过后遗忘很快

25. 你在语文学习中遇到问题时，会怎样处理？（ ）

A. 先主动思考，再请教他人

B. 请求他人帮助完成

C. 有时候会请他人代替自己完成

D. 不知道就不做

26. 多数情况下，你对自己的语文成绩满意吗？（ ）

A. 非常满意

B. 比较满意

C. 一般

D. 不满意

E. 非常不满意

27. 一次考试没考好，通常情况下原因是什么？（ ）

A. 我不够聪明

B. 我没有足够努力

C. 运气不好，出的题都是我不会的

D. 其他：请填写

28. 你会对自己的成绩感到担心吗？（ ）

A. 我不担心，我对自己很有信心

B. 成绩好不好无所谓

C. 我很担心，成绩不好要挨家长或老师的批评

D. 我很担心，考不好很没面子

29. 你为什么要学习语文？（ ）

A. 好好学习，掌握更多的知识，让自己成为知识丰富的人

B. 为了考一所好的高中、大学

C. 为了将来能有一份体面的工作

D. 为了能挣很多钱

E. 学习好会得到老师和家长的认可与表扬

F. 学习好在同学中很有面子

30. 你最喜欢什么样的同学？（ ）

A. 学习成绩好

B. 愿意帮助别人

C. 有自己的特长

D. 跟我有共同的兴趣

E. 其他：请填写

表1-1 部分样本班级语文学习现状统计数据

题号	A	B	C	D	E	F	G
1	66.7%	22.2%	11.1%	0%			
2	100%	94.4%	19.4%	22.2%	72.2%		
3	5.6%	25%	19.4%	91.7%	52.8%	30.6%	
4	63.9%	25%	66.7%				
5	75%	36.1%	63.9%	47.2%			
6	38.9%	61.1%	0%	0%			
7	2.8%	36.1%	61.1%	0%			
8	0%	58.3%	33.3%	8.4%			
9	66.7%	2.8%	25%	5.5%			
10	11.1%	58.3%	11.1%	5.6%	13.9%		

题号	A	B	C	D	E	F	G
11	2.8%	83.3%	8.3%	5.6%			
12	5.6%	52.8%	41.6%				
13	0%	16.7%	8.3%	58.3%	11.1%	5.6%	
14	72.2%	19.4%	27.8%	33.3%	11.1%	19.4%	83.3%
15	0%	83.3%	16.7%	0%			
16	0%	13.9%	75%	5.5%	2.8%	2.8%	
17	100%	97.2%	83.3%	19.4%			
18	75%	19.4%	2.8%	2.8%			
19	80.7%	2.8%	5.6%	10.9%			
20	2.8%	47.2%	25%	25%			
21	33.3%	61.1%	2.8%	2.8%			
22	66.7%	22.2%	11.1%	19.4%	11.1%		
23	13.9%	66.7%	11.1%	8.3%			
24	0%	69.4%	0%	25%	5.6%		
25	86.1%	11.1%	2.8%	0%			
26	8.3%	61.1%	22.2%	8.4%	0%		
27	0%	94.4%	5.6%	0%			
28	2.8%	0%	69.4%	27.8%			
29	25%	55.6%	2.8%	8.3%	5.6%	2.7%	
30	22.3%	33.3%	0%	44.4%	0%		

第一套问卷主要针对小学语文学习的方法、态度等进行。因为具体到某一个学科，有利于学生顺利答题，最终获得的问卷数据更

加真实、有效。通过以上数据，我们进行分析总结如下：一是学生学习汉字的途径较多，普遍认为字义比较难，高年级的学生已经会有意识地根据汉字造字规律来识记汉字，通过反复练写和朗读进行巩固。在语文教学中，应多教给学生理解字义的好方法，如联系上下文、查字典等方式。二是对于语文学习，基础知识、阅读理解与写作三大板块中，学生普遍认为写作上存在困难，而写作困难的根源主要是学生的阅读量远远不够。头脑中的素材少，导致学生在写作时无话可写、写流水账等问题频出。可见，教师应有意识地从小培养学生的阅读习惯，同时引导学生养成做读书笔记的习惯，将积累的好词佳句有意识地在作文中进行运用，多鼓励他们走进生活，多观察、多动手动脑、勤练笔，逐步提高他们的表达欲望和写作水平。三是学生的课堂听讲以及作业情况总体比较不错，但个别学生课堂状态始终不佳，学生自己也清楚成绩不好的根源在于努力程度不够，但是欠缺学习的动力。课堂上大部分学生主要以听老师讲为主，能参与到学习活动中、与老师同学互动的学生占比不高，大部分学生能做到边听边想边记。以上数据说明，学生在听课时的思维不甚活跃，不能够主动学习。

第二节　小学生学习方式的测量与评估

第一套问卷的统计工作结束后，我们在个别谈话中发现，部分学生对于语文学科的学习兴趣远远低于对数学学科的兴趣。可见，针对语文单一学科的问答，得出的统计数据存在片面性。因此我们开始了第二组问卷的设计与调查分析。

卷样二

小学生学习方式现状的调查问卷

1. 每学期开学前，你会制订学习计划吗？（　）

A. 每学期都会制订

B. 有时候沿用以往的计划

C. 不特地写出来，但心里有数

D. 不制订计划，就是每天完成老师布置的作业

2. 马上要学习新课，你会怎么做？（　）

A. 不做任何事，等着老师讲

B. 自己喜欢的内容会提前看一看

C. 有预习作业就会按要求完成

D. 每次新课前都会预习

3. 你会用哪些预习方法呢？（　）

A. 只是看看而已

B. 先看一遍，不明白的地方上网查一查

C. 借助参考书预习

D. 先初读一遍，思考要学会的是什么，能提出自己的问题和思考，想办法解决

4. 上课的时候，使你注意力分散的原因是什么？（　）

A. 课上的内容不是自己喜欢的

B. 新的知识自己早就学会了

C. 听不懂，感觉一塌糊涂

D. 老师讲得毫无趣味，引不起兴趣

5. 上课的时候，你的听讲状态是怎样的？（　）

A. 听讲非常认真，思考老师的问题

B. 老师让记下来的认真记录

C. 根据自己的需要记笔记，圈画重难点

D. 几乎全程记录老师讲解的内容

6. 上课的时候，当老师提出问题时，你的状态是什么样的？
（ ）

A. 老师的提问几乎都会，每次都举手争取回答问题

B. 不管自己会不会，都不会举手

C. 喜欢的老师或感兴趣的题目就会举手回答

D. 只要没点自己的名，就不管，等现成的答案

7. 在日常学习中，或者学期末临近检测，你会怎么做？（ ）

A. 从不复习，全靠平日学习积累

B. 有不会的问题在平时或检测前会问问老师

C. 检测前会根据老师的要求复习

D. 随时根据学习的进度巩固复习

8. 你平常怎样进行复习？（ ）

A. 把书看一遍

B. 之前要求背诵的内容再默写一遍

C. 按照老师的要求和作业进行复习，不再自己安排其他内容

D. 梳理在平日学习中的难点和困惑，想办法解决

9. 面对成绩不理想的科目，你会怎么做？（ ）

A. 没有什么可担心的，只要认真我就能学好

B. 自己会很快找到消化难过的方法

C. 下决心以后认真学好

D. 自己静心思考成绩不理想的原因，想办法改进

10. 平时对待老师布置的作业，你都是如何完成的？（ ）

A. 等同学们写完了借来抄抄

B. 只写自己会做的

C. 自己完成，遇到不会的和同学请教

D. 自己独立完成，不懂的自己想办法解决

11. 平常遇到学习上的困难，你用什么方法来对待？（　）

A. 不管他，以后再说

B. 问问同学或是家长

C. 请教老师

D. 自己独立思考，力争自己解决问题

12. 考试的时候，你的心情是怎样的？（　）

A. 没什么特别的感觉，和平时上课一样

B. 考试的时候还是有些紧张

C. 紧张得都能把会做的题做错

D. 考好考坏都无所谓

13. 你如何评价自己的学习态度？（　）

A. 非常喜欢学习

B. 愿意按老师的要求学习

C. 不喜欢学习

D. 非常讨厌学习

14. 如果你觉得学习困难，原因是什么？（　）

A 教材难理解

B 课堂讲课难吸收

C 考试试题难

D 需要死记硬背

15. 你认为有些同学不喜欢学习的原因是什么？（　）

A 每天要写很多作业，还要背诵

B 学习的内容没有趣味性

C 老师比较严厉，上课有压力

D 没什么原因，就是不喜欢学习

16. 有的同学偏爱某一学科，你认为主要原因是什么？（　　）

A 个人喜好此学科

B 任课教师水平高，上课引人入胜

C 为了取得更高的分数

D 这个学科内容有趣，背诵的少，动手操作的多

17. 总的来说，你认为现在的学习负担怎样？（　　）

A 比较重

B 大致相当

C 比较轻

D 非常轻

18. 你认为上课听讲质量对于学习质量有何影响？（　　）

A 认真听讲会提高学习质量

B 认真听讲对学习质量的提高作用比较大

C 认真听讲对学习质量的提高有一定作用

D 认真听讲对学习质量没有影响

19. 你在学习过程中更加注重的是什么？（　　）

A 非常关注考试的成绩

B 学习过程中是否感兴趣是最重要的

C 最关注的是自己学习能力的提升

D 可以增加知识积累

20. 你最喜欢的学习方式是怎样的？（　　）

A 老师讲，但不要总是提问

B 个人按照自己的进度和学习，老师负责答疑

C 多安排小组合作，同学间互帮互助

D 老师像朋友一样帮助和指导学生进步

21. 你最喜欢什么样的课堂？（ ）

A 多使用信息技术手段，音画丰富，趣味性强

B 老师扎扎实实地讲课，做足够多的巩固练习

C 老师放手让学生交流讨论，相互促进成长

D 与生活紧密结合，把所学知识深入浅出地讲解

22. 课堂上同学们提出问题或是发表自己观点的机会怎样？（ ）

A 机会很多

B 有一些机会

C 机会难得

23. 教师进行课堂提问时，你经常采用的方式是怎样的？（ ）

A 听其他同学回答

B 教师点名让自己回答才回答

C 主动要求回答

D 希望老师不要叫自己回答

24. 目前你在学习中遇到的困难主要是什么？（ ）

A 对学习内容不理解

B 不适应小组合作、讨论、探究等学习方式

C 不能用自己的学习方式学习

D 得不到老师的指导

表 1－2　部分样本班级学习方式现状统计数据

题号	A	B	C	D
1	3%	72.7%	21.3%	3%
2	0%	9.1%	27.3%	63.6%
3	6.1%	15.2%	60.6%	18.1%
4	30.3%	9.1%	60.6%	0%
5	15.2%	12.1%	60.6%	12.1%
6	15.2%	18.2%	66.6%	0%
7	3%	21.2%	24.2%	51.6%
8	21.2%	15.2%	12.1%	51.5%
9	9.1%	36.4%	21.2%	33.3%
10	0%	9.1%	48.5%	42.4%
11	0%	27.3%	12.1%	60.6%
12	12.1%	45.5%	39.4%	3%
13	48.5%	48.5%	0%	3%
14	30.3%	18.2%	24.2%	27.3%
15	51.5%	15.2%	3%	30.3%
16	9.1%	27.3%	27.3%	36.3%
17	15.2%	66.6%	12.1%	6.1%
18	54.5%	30.3%	15.2%	0%
19	39.4%	12.1%	33.3%	15.2%
20	30.3%	3%	21.2%	45.5%
21	36.3%	9.1%	45.5%	9.1%
22	57.6%	39.4%	3%	
23	27.3%	33.3%	18.2%	21.2%
24	72.7%	6.1%	21.2%	0%

　　第二套问卷除了打破学科局限外，还涉及了学习品质及习惯等诸多方面。通过对数据的分析可以看出，大部分学生知道正确的学习方式，如课前预习做法中的"有计划有落实"，听课方式中的"边听边思考，并记下自己认为重要的内容"，复习方式中遇到不懂的问题时"自己先思考，后问同学或老师"等选项所占比例较高。但是，在实际学习过程中，学生还是更依赖于教辅资料和教师讲解，自己思考探究较少。统计表明，学生喜欢的学习方式是"听老师讲课"和"师生活动"，对教师进行课堂提问经常采用的方式是"教师点名让自己回答才回答"，这也说明对老师的依赖性较为明显。学生对待学习的态度整体是积极的，选择"喜欢、接受"的学生较多，但是也反映出在学习的过程中，常常遇到"对学习内容不理解""教材难理解，考试试题难，需要死记硬背"等问题。如何帮助学生在学习中克服畏难情绪、更加积极主动地学习，依旧是我们需要关注的问题。

第三节　小学生学习方式现状的分类测量与评估

　　前两套问卷的数据分析给我们提供的信息是分散的，在梳理过程中归类发现的作用有限。为得到更加有效的数据，我们再次进行了问卷的设计，也借鉴了一些问卷的题目及组合形式。第三套问卷，我们首先考虑需要掌握的信息和数据有哪些，问卷的题目指向是否明确。此套问卷分类涉及自主学习、合作学习、探究学习、体验学习四大方面，同时开展了与问卷调查相配合的谈话访问，更加详细地了解了学生的学习方式现状。同时，我们查阅了国内外相关文献，借鉴了其中宝贵的经验。

一、关于自主学习的问卷调查及样本分析

(一) 自主学习问卷

1. 第二天要学习的内容，你会提前预习吗？（　）

A. 会

B. 不会

2. 预习时，你会提出问题吗？（　）

A. 会，但不做记号

B. 会，并做记号

C. 不会

3. 有了问题，你怎么办？（　）

A 带着问题到学校请教老师

B. 藏在心里不管它

C. 请教爸爸妈妈或哥哥姐姐

D. 与同学们一起探讨解决

4. 课后还会再次翻阅书本，复习今天学的内容吗？（　）

A. 会

B. 不会

5. 作业遇到困难怎么办？（　）

A 随便写上

B. 请教他人，不在乎过程，只要答案

C. 与他人讨论，理清思路

D. 自己看书解决

6. 家庭作业是在什么情况下完成的？（　）

A 不需要任何人的催促，先完成作业再玩

B. 在家长的再三催促下完成

C. 先玩够了再草草完成作业

7. 在小组合作与自学讨论中，你喜欢怎么做？（　）

A. 非常愿意发表自己的看法

B. 多数时间积极发言

C. 很少参与

D. 与我无关

8. 在思考问题的时候，你喜欢哪种思考方式？（　）

A. 先自己独立思考，再让老师来评判

B. 先让老师提示，自己再思考

C. 想与同学们一起商量思考

D. 让他人先把问题解决了，自己再模仿

9. 你平时学习新知识的渠道主要有哪些？（　）

A. 从课堂和课本得来

B. 从课外读物或电视网络上得来

C. 从他人口中或社会生活中得来

D. 从自己的亲身经历或实践研究中得来

10. 你认为自学对你的学习有用吗？（　）

A. 很重要

B. 一般

C. 没什么作用

D. 无所谓

此次问卷指向性较强，学生答题相对容易，在问卷的有效性分析中，便于我们通过学生问卷，了解和分析当前学生存在的问题，使我们有的放矢地开展工作。

（二）部分样本班级自主学习问卷调查统计数据

表 1－3　自主学习问卷统计数据

题号	A	B	C	D
1	97.37%	2.63%	0%	0%
2	60.53%	34.21%	5.26%	0%
3	26.32%	18.42%	36.84%	18.42%
4	78.95%	21.05%	0%	0%
5	0%	10.53%	63.16%	26.31%
6	81.58%	18.42%	0%	0%
7	50%	39.47%	7.89%	2.64%
8	42.11%	2.63%	55.26%	0%
9	100%	0%	0%	0%
10	57.89%	42.11%	0%	0%

（三）小学生语文学科自主学习现状分析

通过问卷分析，我们发现小学阶段的学生在语文学科的学习过程中，在自主学习方面存在以下问题。

1. 缺乏自我约束力，学习状态独立性较差

小学生正处于思维活跃、活泼好动的生长阶段，很多学生难以自觉保持长时间的安静的学习状态，对自己的学习时间不能合理安排。小学阶段，几乎所有的孩子都把教师当成绝对正确的权威，甚至判断事情对错的标准也变成了"是不是老师说的话"。学生所有与学习相关的任务都来自老师的要求，绝大多数学生处于被动接受学习的状态，只需被安排。加之目前家庭教育大多对孩子十分关注，导致学生在生活中并未培养起对自己生活负责的态度、意识和能力，因此，对自己的学习主动负责的动机也相对薄弱。

2. 学习思维层次性较低，缺乏主动参与度

大多数学生在语文学科的预习或复习过程中，还停留在读一读、背一背、写一写的阶段，而不是主动思考。在现有的小学教育教学中，许多教师更喜欢那些听话的、循规蹈矩的学生。而处于儿童时期的学生，年龄和认知很大程度上依赖成人，在家里依赖父母，在学校里自然而然地养成依赖老师的习惯，因此其独立学习意识很难树立起来，更谈不上掌握科学的学习习惯和具体的学习方法，一旦遇到知识的实际运用和能力的探索求新，就会出现发展的瓶颈。

自主学习对教师的教和学生的学都提出了系统的要求：要求转变教师的教学方式，注重培养学生独立自主的学习能力、获取新知的能力；发展学生的独立性，引导学生形成自主的学习方式；要求激发学生的好奇心，激发学生的求知欲和主动探索知识的能力。在当今信息迅猛发展的时代，对主动学习、终身学习的诉求也越来越强烈。学习者主动地、积极地、自愿地探索新知的重要性被提高到了新的高度。

二、关于合作学习的问卷调查
（一）合作学习的问卷
1. 在课堂上，你喜欢小组合作学习吗？（　）

A. 非常喜欢

B. 一般

C. 不喜欢

2. 讨论的过程中，小组同学意见不统一时该怎么办？（　）

A. 谁学习好听谁的

B. 再分析思考

C. 等等全班交流看结果或请教老师

D. 常有的事，不用管它

3. 课堂上，面对老师的提问，你是怎么做的？（　　）

A. 多数时间在认真思考

B. 少数时间在认真思考

C. 没怎么做，就是听听别人的

4. 当你们的小组研究成果在全班展示的时候，你的感觉如何？（　　）

A. 感受到经过讨论交流，收获新知识的喜悦

B. 只是知道了别人的想法

C. 没有什么感觉

5. 小组合作学习结束后，你们如何进行交流呢？（　　）

A. 多数时间是组长交流总结

B. 全组同学一起发言

C. 只在小组内说说，不愿意和全班分享

D. 和好朋友私下交流

6. 小组学习合作成员有明确的责任分工吗？（　　）

A. 有

B. 没有

C. 不清楚

7. 放学以后还能进行小组合作学习吗？（　　）

A. 能进行

B. 有时候进行

C. 经常进行

8. 小组讨论一些问题时，找不出答案会怎么办？（　　）

A. 和别的小组交流或者请教老师

B. 与我无关，小组里别的同学想办法

9. 如果老师让你选择学习小组的伙伴，你会选择谁呢？（　）

A. 学习和我差不多的

B. 学习不如我的

C. 我的好朋友

10. 你喜欢和什么样的同学一起组成学习小组呢？（　）

A. 随机分组，能交往更多同学

B. 和学习好的一组，能帮我

C. 和好朋友一组，能交流得来

D. 都一样

（二）部分样本班级合作学习问卷调查统计数据

表1-4　合作学习问卷统计数据

题号	A	B	C	D
1	94.74%	5.26%	0%	0%
2	21.05%	60.53%	18.42%	0%
3	68.42%	31.58%	0%	0%
4	73.68%	26.32%	0%	0%
5	0	73.68%	26.32%	0%
6	100%	0%	0%	0%
7	0%	0%	100%	0%
8	76.32%	23.68%	0%	0%
9	0.76%	0%	23.68%	0%
10	21.05%	13.16%	60.53%	5.26%

（三）小学生语文学科合作学习现状分析

1. 合作路径不明确，缺少正确的方法

观察发现，其实学生并不理解小组合作的具体方法和操作步骤，简单地认为有人讨论、有人记录、有人发言或有小组展示就是小组合作。在合作的过程中缺少合作学习最核心的部分——发现问题、提出问题、讨论问题和解决问题这一系列环节。同时，对于合作过程中组长应该如何组织成员围绕核心问题展开讨论，记录员应该如何条理清晰地整理组员讨论内容，发言人又应该如何言简意赅地阐释小组成员观点，学生并不明确。这就导致小组合作的程度不够深入，合作效果也不够理想。

2. 个体责任不明确，缺少合作意识

明确个体责任是合作学习的基本要素之一，组内成员履行分工对于小组合作的过程来说是至关重要的。在听课过程中不难发现，小学生在组内合作时，往往存在两种偏向：一种是部分听力型和视觉型的学生会因为没有教师的讲解和没有现成的语言材料而显得无所适从，对于自己在小组中所承担的任务参与不充分；另一种则是个别学生在讨论时会出现语言霸权，缺乏团队协作的意识和倾听他人观点的习惯。无论是闭口不言还是唯我独尊的参与状态，都会与学生在合作学习过程中应达到的目标背道而驰，使合作学习的效果大打折扣。

课堂教学中小组合作学习的开展，培养低年级学生合作的习惯，促进中高年级学生自主学习的能力。让学生成为学习任务的引领者、合作学习的组织者、学习成果的欣赏者，在合作中思考、质疑，通过小组间的讨论发言与资源共享，让学习效果事半功倍。

三、关于探究学习的问卷调查

（一）探究学习的问卷

1. 在学习的时候，你更喜欢哪一种方式？（　）

A. 自己安排时间，老师和家长不要干涉

B. 大部分时间让家长安排，但也留一点时间给自己

C. 大人们全安排好，不想自己操心

D. 不知道

2. 在平日的学习过程中，你更喜欢哪种课堂？（　）

A. 课堂上老师多讲，我们多听

B. 整堂课都让老师讲

C. 老师也讲，我们也练

3. 你在学习过程中更符合下列哪种情况？（　）

A. 总是能积极主动完成作业

B. 能按时完成作业

C. 不敢不完成，如果老师不管的话，就不去完成

D. 经常不完成

4. 学习新知识之前，你是怎样做的？（　）

A. 总是提前看书，不懂的问题记下来

B. 多数时间会提前看一看

C. 只有个别感兴趣的内容会提前看看

D. 从不提前看

5. 平时学新课之前，你如何预习？（　）

A. 打开书浏览一下

B. 想办法自己学会

C. 必须全掌握才行

6. 遇到学习上的困难你是怎么做的？（　）

A. 上网查找资料，对各种资料比对分析找出最佳答案

B. 问问身边人的意见，偶尔上网

C. 先放一放

7. 在平日的听讲方面，你是哪种状态呢？（　）

A. 全神贯注地听老师讲课，从不走神

B. 一边听，一边思考为什么会这样

C. 老师还没讲，自己就已经想到了答案或是后面的情况

8. 在平日的上课中，你是否有记笔记的习惯呢？（　　）

A. 记笔记，老师上课的板书几乎都会抄下来

B. 在书上把重难点画出来

C. 不写笔记，用脑子记

9. 放学后，你完成作业时喜欢哪种方式呢？（　　）

A. 先把新知识复习一遍，都会了以后做作业

B. 先写作业，遇到困难打开书看看

C. 先写作业，有时间的话再看书复习

D. 写完作业，不做其他的复习

10. 写作业遇到困难时，你会如何解决呢？（　　）

A. 挖空心思地找出答案

B. 上网搜搜答案

C. 请教其他人

D. 明天看看别的同学的答案

（二）部分样本班级探究学习问卷调查统计数据

表 1—5　探究学习统计数据

题号	A	B	C	D
1	5.26%	94.74%	0%	0%
2	0%	0%	100%	0%
3	86.85%	7.89%	5.26%	0%
4	15.79%	71.05%	10.53%	2.63%
5	13.16%	52.63%	34.21%	0%

6	65.79%	26.32%	7.89%	0%
7	10.53%	73.68%	15.79%	0%
8	34.21%	60.53%	5.26%	0%
9	18.42%	15.79%	65.79%	0%
10	7.89%	31.59%	55.26%	5.26%

（三）小学生语文学科探究学习现状分析

1. 惯于被动接受，缺乏探究意识

在学校、老师和家长的传统观念中，会回答问题的孩子才是好孩子。而在这种教育理念下培养出来的学生大都认为书本上的知识都是正确的，教师的观点都是权威的。这就导致大部分学生缺乏发现问题、提出问题的意识和能力，没有敢于提出问题的想法和勇气。即便有提问的机会，也没有主动提问的积极性，存在害羞、胆怯等心理；很多时候更是不具备基本的思辨能力，无问题可问。

2. 惯于定势思维，发散能力不足

长期受标准答案、唯一答案的影响，学生存在严重的定势思维。语文学科本身具有丰富性和开放性的特点，可以系统培养学生思维的深度与广度。一方面，学生心理上倾向于对现成答案的寻找，缺少对未知的积极探索和主动求知；另一方面，特别是课堂讨论、语篇习作等方面，学生想象的丰富性、思维的发散性以及探究的深入性等方面都存在着不同程度的缺失。

四、关于体验学习的问卷调查及样本分析

（一）体验学习的问卷

1. 你认为教师在课堂上的角色应该是哪种？（ ）

A. 控制者

B. 指导者

C. 合作者

2. 你认为你的任课老师的教育思想和风格属于哪种？（　）

A. 符合时代要求

B. 充满智慧的

C. 不太清楚

D. 毫无热情

3. 你所在的学校课堂教学变化如何？（　）

A. 基本没有

B. 少数课堂在变

C. 多数课堂有变化

4. 你喜欢哪种课堂教学方式？（　）

A. 老师讲，我听

B. 同学间合作互助解决问题

C. 在老师的帮助下自己解决

5. 你喜欢体验式学习吗？（　）

A. 非常喜欢

B. 不喜欢

C. 不了解

6. 你认为体验式学习对学习成绩有什么影响？（　）

A. 能促进成绩提高

B. 对成绩没什么大的影响

C. 不了解

7. （多选）你认为体验式学习能提升你的哪些能力？（　）

A. 动手能力

B. 观察能力

C. 思维能力

D. 探讨研究能力

E. 自主学习能力

F. 语言表达能力

G. 搜集处理信息能力

8. 你参与的体验式学习多吗？（　　）

A. 挺多的

B. 不多

9. 你更喜欢哪种课堂？（　　）

A. 实践性体验式学习

B. 老师讲自己听

C. 两者互补更好

10. 体验式活动会影响学习吗？（　　）

A. 会影响正常学习生活

B. 有时需要妥协和让步

C. 不会有明显影响

D. 基本能适应

E. 有助于学业的提高

（二）部分样本班级体验学习问卷调查统计数据

表1-6　体验学习统计数据表

题号	A	B	C	D	E	F	J
1	0%	31.5%	68.5%	0%			
2	26.3%	73.7%	0%	0%			
3	0%	0%	100%	0%			
4	0%	97.3%	2.7%	0%			
5	100%	0%	0%	0%			
6	100%	0%	0%	0%			
7	97.4%	100%	100%	100%	100%	100%	100%
8	100%	0%	0%	0%			
9	94.7%	0%	5.3%	0%			
10	0%	0%	0%	0%	100%		

（三）小学生语文学科体验学习现状分析

1. 未有效调动生活经验，感知通道单一

体验学习的前提是学习者需要在家庭生活、自然探索、社区参与、社会体验的活动中获得某种直接的、感性的经验。而在语文课堂上，教师常常会发现，现在的学生"见识多"，但是通感少；"表达多"，但是共情少。在语文课上分角色有感情地朗读课文时，学生对于文章中人物内心活动的体会往往不够到位；在讨论交流心得体会时，学生的站位大多从自我出发，少有换位思考的时候。这与现在学生的生活经历简单、学习方式固定、人生阅历尚浅等有着密切的关系。

2. 未充分凸显个性主体，体验千篇一律

目前，课堂教学的组织形式是班级授课制，学生也是根据年龄分班的，所以教师往往把全班学生看成一个整体，也就是说，把全班学生看成一个单位"1"。备课时，教师考虑的是单位"1"，作业设计时，面向的也是单位"1"。而实际上，按年龄分班的学生也有着很大的差异。不同家庭的生活背景，课前相关知识的储备情况，既往形成的学习习惯、能力等个人特质可以说是千差万别。正如那句"一千个人眼中就有一千个哈姆雷特"一样，每个学生都是带着这些个人成长的经历、情感参与到学习情境的体验中的，他们对作品的理解、内心的感受是不可能完全一致的。但是，在观课的过程中可以发现，由于小学生的从众心理比较明显，自己的体验和观点往往随着老师和其他同学的进行表达，使得体验学习的过程缺少个性，缺少在情境中与文学作品产生的深度共鸣。

语文课上通过课文朗读、角色扮演、情感体察等方式体验汉语之美，以及让学生走出课堂，在书籍、自然等广阔的空间中掌握语言的工具性与人文性，体验语言的逻辑性与严谨性，传承母语的精确性与丰富性，表现母语的生动性与文学性。因此，体验学习是小学生母语学习的一种必要方式和重要途径。

第四节　我国课程改革以来关于学习方式的研究

我国关于学习方式的理论研究已然取得了非常显著的进展，中华人民共和国成立以来的历次课程改革，都体现出了时代对于教育教学的新要求。国内外学者始终致力对学生学习方式的研究、积极主动性的培养以及创新能力的培养，课程改革是学习方式和教学方式的转变，对学生学习方式的研究，开始向着关注学生学习的主动性、自主性以及关注个体差异等方面进行积极转变。

1949 年以来，我国每次课程改革，都与当时特定的历史时期的政治、经济、文化状况密切相关，都是为了更好地适应时代发展的需要。

第一次基础教育课程改革（1949—1952）师承苏联，编写了中华人民共和国成立以来的第一套中小学教材；第二次基础教育课程改革（1954—1957）以改教材为主线，由人民教育出版社自编，启动了十二年制第二套中小学教材的编写；第三次基础教育课程改革（1958—1960）把学制改革与教材改革相结合，编写了第三套中小学教材；第四次基础教育课程改革（1961—1964）与国情相适应，在基础教育阶段正式提出落实"双基"教学，编写了第四套中小学教材；第五次基础教育课程改革（1977—1980）是国家大政方针全面转变的起始阶段，这次基础教育课程改革主要是学制改革；第六次基础教育课程改革（1982—1984）以学科课程与教材改革为标志，编写了第六套中小学教材，以思想品德取代原来的政治课，恢复历史课、地理课；第七次基础教育课程改革（1985—2000）以学段改革为主，确立并开始践行"义务教育—高中教育"两阶段的设计，编写了第七套中小学教材；第八次基础教育课程改革（2001年至今）是最全面、最系统、最贯通的一次课程改革，这次改革在目标上强调"三维"，提出要"深化教育改革，全面推进素质教育"。在这个过程中，基础教育走向不断深化和完善，奠定了中国教育的基础。

2016年9月，我国正式确立了中国学生发展核心素养的整体框架和基本内涵，核心素养以"全面发展的人"为核心，具体分为社会参与、文化基础、自主发展三个方面，这是继"双基""三维目标"后对课程目标的又一次重大改革。2019年教育部新发布了《关于深化教育教学改革全面提高义务教育质量的意见》，对课程改革提出了一些建设性意见，包括要坚持"五育"并举，全面实施素质教育，优化教学方式，加强教学管理等。

2001 年 7 月，《基础教育课程改革纲要》对学生学习方式的转变提出了新的要求。伴随着 2001 年新课程改革的开始，我国学者、一线教师关于学习方式的研究呈逐年递增趋势。2022 年课标修订重在从学科立场走向教育立场，突出素养立意、育人导向，优化课程内容结构，强化学科实践及跨学科主题学习，践行素养导向质量观。

2002 年起，国内对学习方式的背景、发展的概况以及取得的成果进行了总结和一定范围的推广。学习风格检测表把学习风格具体细化，通过测量与确定不同的类型，为学习方式的转变提供了更加具体而有力的指导，是对学习方式研究的发展与应用。教育专家和一线教师都越来越关注学生的学习方式，虽然我国学习方式改革推进得相对较晚，但起点较高，已逐步构建起适合我国国情的理论体系。

对学习方式的研究与掌握，是实现教育者和受教育者终身学习、能力发展的重要手段，应当引起足够的重视。基于自主、合作、探究等不同学习方式的研究，将会成为提高学生学习效率，增强学习能力，改善学习质量的真正抓手。

如何让学习方式成为学生学习过程中最有效的助力，取得优异的成绩，并能实现内容的深度探究与思维的高度活跃，值得每一位教育者思考、研究与实践。

第二章 "育心"教学法形成的理论基础和实践来源

教育不仅要让学生实现学习能力的提升，还要让学生的身体、能力、心理、情感等综合素质实现和谐发展。义务教育阶段，学校要从"有理想、有本领、有担当"三个方面，对学生进行坚定理想信念、提高生命价值、发展主体精神和创新能力等方面的培养，这也是适应现代社会发展和学生成长需求的价值理念。

有理想。义务教育阶段是青少年身心成长、健康发展的重要阶段，需要我们为学生厚植爱国主义生命底色，牢固树立社会主义核心价值观。要求学生从小要树立远大的奋斗目标，培养积极向上的生活态度，对美好生活不但有向往，而且有追求。

有本领。对学生而言，从小学会认知、学会做事、学会共同生活、学会生存的本领非常重要。要求学生在学习过程中学到真正能够运用于实际生活、满足生存需要、能够服务于社会的知识和技能。

有担当。要求学生从小在学习过程中培养责任意识，敢于担当、勇于担当，积极发挥个人能力，做时代的主人。这种责任担当，不仅仅体现在对自己负责，更重要的是学会对他人、对家庭以及对社会和国家负责。

如何实现这样的育人目标？我们一直在不断地思考、行动，在实践中探寻适合学生全面发展的方法。

第一节　积极心理对"育心"教学法的启发

积极心理学得到心理学界和教育学界诸多学者的关注和研究，历经多年，已经成为影响人类审视自身和客观现实的思维方式和行为模式之一。积极心理学关注使生命更有价值和更有意义的东西，关注如何激发和实现人的潜能。积极心理学主张以"积极"的研究视角关注人的潜能，主要集中在对积极的人格品质、积极的情绪体验、积极的社会制度、创造力的培养等方面。其中，积极人格品质主要研究人格特征、自我决定乐观等。

我国传统文化中包含着丰富的积极心理教育思想。"自强不息，厚德载物"所体现的浩然正气、至大至刚的精神正是中国文化的精髓。"喜怒哀乐之未发，谓之中；发而皆中节，谓之和。中也者，天下之大本也；和也者，天下之达道也。"积极心理学主张发现和激发人的潜在力量和优秀品质，使人们获得幸福和快乐的体验。大量研究分析小学生积极心理发展的品质特征，进行影响小学生积极心理发展的归因分析，开发适合小学生积极心理发展的综合立体的育人环境，研究培养有利于小学生积极心理发展的教育教学策略，以形成利于小学生积极情绪体验的育人氛围，探索塑造小学生积极人格品质的课程资源，构建激发小学生积极心理潜能的评价体系，这一直是我们努力的方向。

一、积极心理品质发展性的有利因素

积极心理可以促进个人、群体和整个社会发展完善和自我实现，主张发现和激发人的潜在力量和优秀品质，使人们获得幸福和快乐的体验。积极品质是指个体在成长中以及在与环境相互作用的条件下形成的较为持久的、积极的情绪和情感体验，以及对未来的乐观态度。

积极的情绪体验是积极心理学研究的主要方面，包括爱、快乐、主观幸福感等在内的积极情绪体验及其功能、积极情绪与身心健康、积极情绪的获得途径等内容。积极的人格特征是积极心理学建立的基石。

（一）外部有利因素

1. 支持

来自父母的爱及来自其他人（如朋友、邻居、教师等）的尊重与关心的形式。小学生在成长的过程中需要一种能够提供积极的、支持性环境的家庭生活、社会联系及组织经历。

2. 认同

来自社区的尊重与认同。小学生需要有机会为他人的幸福贡献自己的力量，这有助于他们建立自己的人生目标。

3. 建设性地利用时间

通过创造性活动，包括艺术与音乐、体育活动、儿童活动项目、参与聚会等与家庭成员在一起的有效时间，为青少年提供发展的机会。

这些被认为是帮助小学生更加安全、实现自我认同以及成功的有利因素。

（二）内部因素

1. 喜欢学习

认识到教育的重要性，强化自身提高与终身学习的理念。

2. 积极的价值观

包括诸如诚实、真诚以及责任心等信念与性格特性。这些特性将有助于小学生的性格的形成，并指引他们的人生选择。

3. 社会能力

社会能力指的是对他人的态度与方式，这将帮助小学生作出积极的选择，建立友谊，对他人显示容忍与尊重。

4. 积极的自我认同感：

对自我力量、目标与价值观的强烈感知。

研究发现，有利因素除了能保护小学生免于消极心理的影响外，也增加了他们形成积极态度与行为的机会。他们更有可能在学校里取得成功，也能够保持健康，并且他们不会过分自满。

二、积极心理对"育心"教学法的启发

通过查阅国内外文献资料，笔者从积极的情感体验、积极的人格特质以及积极的组织系统三方面对小学生积极心理品质的具体特征进行界定和描述。通过问卷调查，开展数据调研和个案研究，分析影响学生积极心理品质形成的原因，掌握学校学生当前心理品质的特性，通过前测与后测的数据对比，验证实验过程的有效性。对问卷的分析和梳理给了我们很多的启示，数据分析有助于我们更好地把握小学生积极心理品质的形成过程，对于学校开展课程育人建设评价育人发展都起到了积极作用。

1. 构建小学生积极心理品质内部及外部发展性有利因素框架

基于青少年发展理论并结合学校学生积极心理品质发展现状，寻找有助于小学生成长与发展的内部及外部有利因素，从而提供学生在正向发展过程中所需要的积极资源。

2. 营造有利于小学生积极心理培养发展的育人氛围

基于对小学生积极心理品质形成发展的有利因素的分析，学校从育人环境入手，营造安全、温馨、自由的外部环境，传递积极、乐观的价值取向。

3. 开发有助于小学生积极心理品质形成的课程资源

通过课程体系搭建与课程有效实施这一主渠道来研究如何在国家、地方、学校三级课程中挖掘积极心理因素；并从加强教师专业化培训等方面开展支撑课程实施的师资队伍建设，从而全面构建顺应学生积极心理特点、激励学生积极学习动机、提供学生积极成长资源、培养学生积极人格品质的课程体系。

4. 探索能促进小学生积极心理品格发展的评价体系

通过建立一套激励小学生树立正确学习动机、健康价值取向、积极生活态度的评价体系，培养积极自信的学生群体。

三、研究方法

1. 文献研究法

根据国内外积极心理学相关文献及教育部制定的相关标准，梳理分析小学生积极心理发展的品质特征，明确培养目标。

2. 调查研究法

以本校学生为调查对象，随机抽取一定数量的学生，对学生的心理状态进行问卷调查，对影响小学生积极心理发展的归因进行分析，从而研究如何不断激发小学生内在的积极品质，构建成长所需的外在积极资源。

3. 行动研究法

将研究策略应用到心理健康教育的过程中，在研究中根据学情不断探索和丰富塑造小学生积极人格品质的课程资源，构建能够激发小学生积极心理潜能的评价体系。

4. 个案研究法

从样本中选取具备积极心理品质和不具备积极心理品质的小学生为研究对象，从心理品质形成原因方面进行深入解析，探究小学生积极心理品质内部及外部发展性有利因素。

5. 经验总结法

将塑造小学生积极人格品质的课程资源、激发小学生积极心理潜能的评价体系应用于教育实践中，总结经验，针对实施过程中出现的问题，进行改进。

积极心理学引导教师发现自身和学生的优点。培养积极的学生，要让学生发现自己和他人的优点，建立起自尊心和自信心；同时，还要激发学生的学习动机，培养学生的创造性和好奇心，提高学生的自我效能感和对环境的控制感。创建积极的学校环境，包括课堂和课余活动两个方面，创设相互尊重、相互赞美、相互学习的环境；创建和谐的家庭氛围，营造和谐的亲子关系。在平时的生活中，家长要多关心孩子的心理健康，寻找彼此的闪光点。

第二节 "育心"教学法提出的相关背景

课程是学校教育的载体，反映了学校文化的个性，课程的品质决定了学校的教育质量。在课程的引领下，师生也在悄然发生着变化——教师是研究的主体，他们开始用研究的视角研究课堂、研究学生、研究自己；教师在研究中找到了职业自信，找寻了职业价值；教师在研究中学会合作，分享智慧，交流经验，共享感悟。多元开放的课程挖掘了师生的潜能，践行"育心"教育理念，做最好的自己。在前行的脚步中我们看到了团队成长的足迹，看到了幸福校园，看到了一路花香……

一、教育面临着各种挑战

教育的原点是育人，育人的本质是"育心"。有什么样的课程就收获什么样的教育成果，学习的经历、轨迹，也是学校实现教育目标的载体，它不是独立存在的，而是与社会、家庭等诸多方面有着相互制约的关系。学校是培养人才的主要平台和渠道，随着时代的发展和社会的变迁，教育面临着各种挑战，包括以下几个方面。

1. 信息技术发展的挑战

随着信息技术的发展，教育也需要紧跟时代的步伐，运用技术手段改善教学方式和方法，实现更好的教学效果。"教师"这个角色已经不再特指课堂上面对面的"人"，其一部分职能或作用已经被取代，如知识搜索、课堂模拟、语言翻译，甚至一定数量的作业测评等，作为教师，优势在哪里？价值在哪里？其实就是信息技术无法取代的那一部分——培养学生理想信念、思维情感、反思自省、创造创新的能力。以 ChatGPT 为典型代表的人工智能，已经从之前的分析模式发展到了生成式、创造式的探索。因此，更加需要教师依靠人的素质和能力开启学生的美好未来。

2. 社会多元化发展的挑战

社会的多元化和个性化趋势越来越明显。多元化是一个主体对客体的接纳与包容，是摒弃单一、共同发展。多元化可以推动社会进步，使其具有更多的发展动力。教育也需要关注学生的个性发展，尊重学生的差异性，提供更为多样化的教学和学习资源。从行为习惯到个性品质，再到创新能力的培养，如何在班级制现状下拒绝千篇一律的培养模式，如何在个体差异的情况下追求公平的教育质量，如何适应社会发展的需求，实现为党育人、为国育才的目标，是我们需要思考和解决的问题。

3. 新时期要面对的挑战

全球化影响下，教育既需要弘扬中华优秀传统文化，又要关注国际化和跨文化交流，提高学生的全球意识。而新的经济和就业形势，要求教育更加紧密地与社会经济发展和就业形势相结合，培养适应社会需求的专业人才，提高学生的就业竞争力。现代生活节奏加快，精神压力也越来越大，教育需要更加关注学生的身心健康。处于基础教育阶段的小学生，应该培养他们哪些学习品质、行为习惯，有待教师思考。

二、教育的本质有其独特性

学生是祖国的花朵，花朵需要根来吸收营养才能盛放。"浇花浇根，育人育心"强调了在培养人的过程中应该注重从根本上培养学生的内在素质，而不是只重视外在的表象。

其实"浇花"时只给花浇水，使花看起来美丽，如同教育中只关注的学生外在表现，如成绩、社交技能等，但这只是教育的表面现象；而"浇根"是指内部健康成长的重要性，如同教育中注重培养学生的内在素质，如道德品质、思维能力、情感素质等。只有在内在素质得到充分提升的情况下，学生才能真正健康地成长。

"育人"是指对学生进行全面的教育和培养。传统文化中的"育人"不仅注重学生的学术成就，更关注学生的品德、道德、艺术、身体等方面的发展。"育心"更加注重培养学生的心灵、情感、意志等方面的素质，使学生在文化修养、品格塑造、心灵美育等方面的素质得到提升。

综上所述，"育人育心"强调了在教育中要从根本上注重培养学生的内在素质，将学生的外在表现与内在素质相结合。同时，传统文化中的育人与育心也是密不可分的，只有全面地育人育心，才能实现学生的全面发展。这样的教育理念具有深厚的文化底蕴和现实意义，对于指导当代教育实践具有积极的借鉴作用。

"育心"教学法表达了一种教育理念，即通过培养学生的内在素质，将真善美的理念和价值观融入学生的内心深处，从而使他们树立正确的道德观念和行为准则，实现全面发展。

1. 基于心灵的教育关注的是人的内在

心灵是人的核心，包括人的思想、情感、意志和品格等多个方面。这种教育理念强调了人的内在需要受到培养和关注，与单纯的知识和技能教育不同，它注重人的品格、情感、价值观的培养。在这种教育理念下，教育者需要引导学生寻找内在的幸福和价值，完善他们的思想、情感和意志，使其成为全面、健康、积极向上的人。

2. 真善美是心灵的食粮

真善美是传统的美德标准，包含了真理、善良和美好等方面。通过向学生灌输真善美的理念和价值观，教育者可以引导学生在心灵上获得成长，提高他们的道德素质和人文素养。例如，通过讲述名人事迹、美丽的自然风光、优秀的文化作品等方式，向学生传递美好、正义和善良，激发他们的共鸣，从而培养其正确的价值观和品德观。

3. 通过真善美，实现人的全面发展

人的全面发展不仅包括知识和技能的发展，还包括心理、道德、文化等多个方面。通过将真善美根植到学生的心灵深处，使他们在道德、心理和文化等方面全面发展，从而成为有担当、有责任感、有道德情操和人文素养的人。

三、"育心"教育与儿童成长的关系

"育心"教育强调从儿童的内心出发，通过关注儿童的情感、意识和信念，来培养他们的品德、智慧和生命力。"育心"教育与儿童成长密切相关，主要表现在如下几个方面。

1. 培养健康的情感

"育心"教育通过关注儿童的情感世界，帮助他们学会表达情感、掌控情绪、理解他人情感，这些都是儿童健康成长所必需的。

通过这些教育，学生可以更好地理解自己和他人的情感需求，从而建立良好的人际关系，培养积极向上的情感。

2. 培养正确的价值观

"育心"教育注重从儿童内心出发，引导他们树立积极向上的品质，如善良、勇敢、坚韧等，从而使儿童在成长中形成正确的人生观。

3. 培养全面的自我认知

"育心"教育强调帮助儿童理解自我、探索自我、了解自我，从而使孩子更好地认识自己的优点和缺点，知道自己的价值和目标，更加明确地规划自己的人生和未来。

4. 培养顽强的生命力

"育心"教育通过培养儿童的自信、坚韧、创造力和适应力等品质，帮助他们更好地应对生活中的挑战和困难，让他们在成长中更加坚强。

"育心"，是一种文化，在沟通与悦纳中的文化，独立思考，用心引领；

"育心"，是一种精神，在平等与自主中的精神，相互信任，相互鼓励。

"育心"，是一种追求，在尊重与期盼中的追求，积极参与，合作探究。

"育心"，是一种氛围，在合作与超越中的氛围，全面覆盖，辐射生活；

"育心"，是一种习惯，在勤学与敏行中的习惯，长此以往，执着坚守。

总之，"育心"教育与儿童成长的关系密不可分，"育心"教育的方法可以让儿童获得更多的成长，使他们成为具有强大生命力的人。

四、"育心"教育更适合中国式现代化的人才培养方式

中国式现代化的人才培养强调人的全面发展，追求对个体的关注。"育心"教育强调的是培养儿童的心理健康和人格素质，既符合现代化人才培养的要求，也契合中国文化的传统理念。

中国文化强调"以心育人"，即注重培养人的内在素质和道德品质。"育心"教育强调培养学生的心灵健康和个性发展，这与中国传统文化的"以心育人"思想不谋而合。

在现代社会，经济和科技的快速发展对人才的全面发展提出了更高的要求，不仅仅是知识的掌握和技能的运用，还有情感的表达和人格的发展。"育心"教育关注学生的情感、态度和价值观，能够更好地促进学生的全面发展，培养具有创新能力和担当精神的人才，符合现代化人才培养的要求。

因此，"育心"教育更适合中国式现代化的人才培养。在中国式现代化的人才培养中，"育心"教育的理念和方法应该得到更广泛的应用，以更好地培养符合时代需求和社会发展的人才。

第三节　研究"育心"教学法的价值和意义

在学科教学活动中，为什么老师费了九牛二虎之力，教学却依旧低效、无效，甚至负效？虽然许多专家学者和一线教师都为了破解这些制约课堂教学效果的难题而不断钻研，但是课堂中仍存在这样的问题。在实践中，我们发现影响课堂教学效果的一个重要因素，是学科教学活动中的心理因素。长期以来，我们在教学中更关注的是学生智力潜能的开发，忽视了心理潜能的开发。因此，有效的教学应是智力潜能与心理潜能的同步开发。

一、人工智能时代，需要加强"育心"教育

人工智能可以进行大规模的数据分析和处理，但是它缺乏人类的情感和创造力，无法替代人类在育人方面的作用。以下是关于"育心"教育在人工智能时代的几点价值和意义。

1. 培养学生的人文素养和情感品质

随着科技的发展，人们越来越依赖机器，忽视了情感和人文的价值。"育心"教育可以帮助学生培养同理心和社会责任感，从而使学生在人际交往和社会发展方面更有优势。

2. 培养学生的创新能力

在人工智能时代，机器可以完成很多重复性工作，但是无法完成需要创新能力的任务。"育心"教育可以培养学生的创造性思维和创新能力，从而使学生具备更强的竞争力。

3. 培养学生的合作精神和团队合作能力

在人工智能时代，合作精神和团队合作能力变得更加重要。"育心"教育可以通过小组讨论、合作学习等方式，培养学生的团队合作精神和协作能力。

4. 培养学生自主学习的能力

在人工智能时代，知识和信息的更新速度非常快，要求学生具备自主学习的能力。"育心"教育可以通过鼓励学生探究和创新、自主学习、思辨等方式，培养学生的自主学习能力，让学生具备应对未来挑战的能力。

5. 关注学生的情感需求和心理健康

在人工智能时代，由于信息爆炸和竞争压力，学生容易产生情感问题和心理问题。"育心"教育可以关注学生的情感需求和心理健康，帮助学生树立正确的人生观和价值观，更好地面对挫折和挑战。

综上所述，"育心"教育在人工智能时代的价值和意义不容忽视。"育心"教育可以培养学生的人文素养、创新能力、合作精神、自主学习能力，关注学生的情感需求和心理健康，从而为学生未来的发展打下坚实的基础。因此，我们应该注重"育心"教育，培养学生的综合素质和人文精神。

二、"育心"教育培养世界公民

"育心"教育旨在培养学生的心理健康，让学生在全面发展的基础上更好地适应社会，并承担社会责任。在全球化的时代，"育心"教育的目标应该是培养世界公民。

世界公民是指具备全球意识和全球责任感的人，他们在跨文化交流和全球化背景下，能够积极参与、主动创新，为全球可持续发展做出贡献。

具体来说，"育心"教育应该注重以下几个方面。

1. 全球意识的培养

学生应该了解全球化对各个国家和地区的影响，理解不同文化之间的差异和联系，培养全球意识。

2. 多元文化的尊重和包容

学生应该尊重和包容不同的文化、信仰和价值观，并学会在不同文化背景下进行交流和合作。

3. 跨文化交流的能力

学生应该具备跨文化交流和沟通的能力，能够用不同的语言和方式进行交流，从而增强理解和合作能力。

4. 社会责任感

学生应该认识到自己是社会的一分子，积极承担社会责任，积极参与社会公益事业，关注社会问题，并为社会发展贡献力量。

通过"育心"教育的实践，可以培养具有全球意识和责任感的世界公民，他们将为可持续发展做出贡献，成为推动全球化进程的重要力量。

综上所述，"育心"教育在小学生中的应用是非常重要的。我们应该关注小学生的身心发展特点，培养他们的情感素质、社会适应能力、创新能力、健康意识等方面的能力，从而帮助他们更好地成长。在实践中，我们可以采用启发式教学、情景教学、小组合作、个性化教育等多种方式，通过实际操作和反思来不断完善"育心"教育的应用，让小学生在学习和生活中获得更好的成长和发展。

三、"育心"教育对教师的要求

"育心"教育强调的是关注学生的心理需求，从而引导他们获得自主、快乐、全面的成长。因此，"育心"教育需要教师具备一定的素质和能力来实现。教师素质是实现"育心"教育的重要保障，只有教师具备了一定的情感沟通能力、学科知识素养、专业技能、研究创新能力以及良好的品德，才能够更好地满足学生的需求，帮助他们实现自主、快乐、全面地成长。

1. 情感沟通能力

教师需要具备较好的情感沟通能力，能够与学生建立起良好的师生关系。只有建立了信任，才能够更好地了解学生的心理需求，并采取适当的方式来帮助他们成长。

2. 学科知识素养

教师需要具备丰富的学科知识，才能够更好地教授学生知识和技能，从而引导学生在学习中获得成长和提高。

3. 专业技能

教师需要具备一定的专业技能，如教学设计、课堂管理、评价反馈，才能够更好地实现"育心"教育的目标。只有在教学技能方面不断提升，才能够更好地满足学生的不同需求，让每个学生都能够得到有针对性的教育。

4. 研究创新能力

教师需要具备研究创新能力，能够持续地探索和研究"育心"教育的方法和策略，以及学生的心理特点和需求，从而不断改进和提高自己的教学能力。

5. 值得学习的品德

教师的品德是影响学生的重要因素之一，良好的品德将对学生产生积极的影响。教师需要具备敬业、责任、耐心、诚信、善良等品德，让学生在自己的影响下也能够获得更好的成长。

四、提炼"育心"教学法的价值

研究"育心"教学法，是学校"育心"文化的需求，也是课堂改革的必由之路。要做到眼中有生命、心中有学生，将提高教学效益与育人育心紧密结合，既着眼于学生知识与能力的学习，又重视情感、态度与价值观的培养，并将情感、态度等非智力因素作为推动知识与能力学习的动力。在学生增长知识、培养能力的过程中，习得积极的情感、态度和正确的价值观，实现全面和谐、健康的发展。

五、"育心"教学法的意义

时代的发展和社会的变迁给教育带来了各种挑战，需要从多个方面进行改革和创新，不断提升教育的质量和水平。我们依据学校的优势和现状，先从课堂教学入手，开启了"育心"教学法的探索。积极的心理教育是一种致力于培养人的积极品质和美好心灵，促进心理积极和谐发展与心理潜能充分开发的教育。积极的心理品质是指个体在成长中以及在与环境相互作用的条件下形成的较为持久、积极的情绪和情感体验，以及对未来的乐观态度。研究"育心"教学法的意义有以下几点。

（1）有利于提高学生的心理素质。"育心"教学法以培养学生心理素质为核心目标，通过情感教育、品德教育、文化教育等手段，促进学生的心理成长，这对学生的身心健康、人际关系和学习成绩都具有积极的影响。

（2）有利于增强学生的综合素质。"育心"教学法通过情感体验、情感表达、情感鉴赏等方式，培养学生的文化素养、情感素质和价值观，增强学生的综合素质和社会适应能力。

（3）有利于教育的人文化和科学化。"育心"教学法注重教师和学生的交流和互动，强调个性化的教学方法和过程，符合教育人性化、科学化的趋势，能够提高教育的质量和效果。

（4）有利于弘扬优秀传统文化。"育心"教育倡导的是一种以心为本的教育方式，这与中华优秀传统文化中强调的"道法自然""修身齐家治国平天下"等思想是契合的。研究"育心"教学法有助于发掘传统文化中的教育资源，传承和弘扬中华优秀传统文化。

综上所述，研究"育心"教学法有助于提高教育的质量和效果，促进学生全面发展，推动教育人性化、科学化的进程。

六、传统教学法与"育心"教学法的比较

传统教学法和"育心"教学法是两种不同的教学方法，它们的区别在于教学目标、教学方式和教学效果等方面。

（1）教学目标：传统教学法注重知识传授和考试成绩，通常是老师主导、学生被动接受；而"育心"教学法则注重学生全面发展，强调学生的兴趣、能力和个性的培养。

（2）教学方式：传统教学法以讲授为主，注重讲解知识点，强调记忆和应用；而"育心"教学法则强调学生的体验和感受，通过启发性问题、讨论、实践等方式激发学生的思维能力和想象力。

（3）教学效果：传统教学法的效果主要体现在学生的知识水平和考试成绩上；而"育心"教学法注重学生的个性、兴趣和能力的培养，不仅能提高学生的学习成绩，还能培养学生自主学习和创造的能力。

总的来说，传统教学法和"育心"教学法各有优点，但"育心"教学法更符合时代需求和教育发展趋势，有助于培养学生的创新思维、团队合作能力和终身学习意识。

只有富有创造力的教师，才可能让专业性、知识性很强的教学工作呈现出一种温柔的力量。这种自由自在的快乐，是学生十分向往的。

师生课堂上的一切交流，从语言到文字，甚至是一个眼神，都可以上升为一种妙不可言的心灵对话。一名真正热爱教育、热爱学生的教师，从不会把每天的工作简单化，也不会把每节课堂程式化，更不会在面对学生时心怀埋怨。在老师眼里，学生都是一颗颗种子，期待阳光雨露，在主动参与中生长，在愉快的讨论中飞翔，在自主自立的发展中成熟。

第四节　非智力因素对"育心"教学法的启示

2020年，中共中央、国务院印发《深化新时代教育评价改革总体方案》，明确要求坚持以德为先、能力为重、全面发展，坚持面向人人、因材施教、知行合一，坚决改变用分数给学生贴标签的做法，创新德、智、体、美、劳过程性评价办法，完善综合素质评价体系，切实引导学生坚定理想信念、厚植爱国主义情怀、加强品德修养、增长知识见识、培养奋斗精神、增强综合素质。根据学生不同阶段的身心特点，科学设计各级各类教育德育目标要求，引导学生养成良好的思想道德、心理素质和行为习惯。

心理学教授特尔曼曾做过一项著名研究，他用智力量表对幼儿园到八年级的学生进行测查，从中选出智商在 140 以上的儿童，持续多年追踪研究。30 年后对其中 20% 成就最高的与 20% 成就最低的人进行比较，发现最明显的差别：前者在谨慎、自信、不屈不挠、有进取心、有一定要完成任务的坚持、不自卑，以及坚持动机和效果的统一等方面都优于后者。因此，特尔曼教授认为一个人要有所成就，除智力因素外，非智力因素也起到非常重要的作用。

非智力因素通常指除智力因素以外的各项心理素质，包括需要、动机、兴趣、情绪、情感、意志、自我观念、性格特征等。拥有正确的学习态度、较强的学习动机、稳定的情绪状态、良好的意志品质、悦纳自己等这些非智力因素，有利于学生学习兴趣与学习效果的提高，甚至能达到事半功倍的效果。

一、学生学习"初始系统"的非智力因素——性格特点与心理健康状况

学生与生俱来的性格特点受到遗传基因、成长环境等诸多因素的影响，与正向的学习效果相关的性格品质使学生在学习过程中，敢于反驳、追问、反问，同时能够敏锐地发现问题、多角度地分析问题，并能够运用自己原有的知识经验，别出心裁地解决问题。学生的心理健康状态目前已经受到学校的普遍重视，部分学生处于一些心理问题或心理障碍的初始状态，往往不容易被发现，但是长此以往会形成焦虑、抑郁等不健康的心理状态，影响学习效果。如果不能给学生提供有效的帮助和及时的治疗，不但无法完成学习任务，终身发展都会受到影响。

二、学生学习"动力系统"的非智力因素——
需要、动机、兴趣等

非智力因素决定着学生学习的意愿，学习欲望与学生的求知欲、对学习的意义的认识及合理目标的设定密切相关。

学习动机的构成中，学习兴趣占有重要的地位。正所谓"知之者，不如好之者；好之者，不如乐之者"，浓厚的兴趣能够使学生的自觉性、积极性和持久性得到有效提高，其中包括学生以获得学业成就为目标的自我实现的需要和进取心、上进心，学生在学习过程中能满足自己交往的需求并获得一些物质和精神上的收获，以及学生获取认知领域所表现出来的持续学习的动力。而学生对学习意义与价值的正确理解、明确适当的学习目标也是学习动机中的主要构成。

三、学生学习"持续系统"的非智力因素——
态度、意志、自信心

学生在课堂学习中能够长时间保持充沛的精力，为了达到预定的目标严格要求自己，克服各种不同的干扰并持之以恒地学习，这种强大的自律力量很大程度上会影响学习的效果。自信心对学生的影响作用也十分明显。"自信是成功的第一秘诀。"许多成绩不理想的学生并不是不具备改变落后状态的能力，而是由于自信心不足，根本就不敢或不想去做任何努力。有了充足的自信心，学生就可以坚持做一件事情。"只要功夫深，铁杵磨成针"，相信铁杵能磨成针的信念，就是指坚持下去。

四、学生学习"调节系统"的非智力因素——情绪状态

积极、乐观、充满信心和相对稳定的情绪状态，是学生能够专注于学习活动并取得预期效果的重要条件。学生如果能够调节和控制自己的负面情绪，则既定的学习目标就不容易被放弃。可见，良好的情感体验使学生在学习过程中能更好地对学习情感进行感受和表达，进而产生良好的情感体验，更好地与同伴交流合作。反之，处于低落、消沉、苦闷状态中的学生，很难在学习的过程中体验学习的快乐，进而出现学习态度消极、学习成绩下降的情况。这时候，需要从调节学生情绪状态入手，如果只是一味地讲解知识和反复练习，根本不能解决学生的困难，更不可能收到好的效果，甚至会适得其反。

非智力因素虽然不直接参与认知过程，不直接承担对信息的接受、加工、处理等学习相关的任务，但是在整个认知过程中，直接制约认知过程的效率与持续的效果，具体来说就是对思想的深度、知识的广度与能力的高度都有较大影响。

学习的过程绝不是简单的认知发展过程，学习成绩也是多种因素综合作用的结果。促进学生个性全面发展、重视积极情绪的培养、塑造良好的行为习惯、关注学生的身心健康等，都应该成为学习活动的重要组成部分。家长和老师都要理性客观看待学生的学习情况，做真正有益于学生未来发展的教育者、监督者和引导者。

新课程改革的核心是优化学生的学习方式，但目前的基础教育阶段，尤其是小学阶段，没有太多关于学习方式的专项研究。一是由于基础教育阶段的教师的大部分时间被非教学任务占用，除了备课、上课、批改作业以外，还承担托管、看午休、课后辅导以及家

访等任务，从事教学研究的时间不够充足；二是小学阶段各学科知识相对简单，即使没有科学的方法，多记忆、多练习也可以取得不错的学习效果，因此对于学习方法的研究没有太多进展，多数以传统的讲授法统领小学课堂教学。

但是，不能因为小学阶段学科知识简单，就忽略对深度学习的重视，相反，小学阶段是学生系统学习的起始阶段，处在这一年龄阶段的小学生可塑性极强，一旦形成既定的学习习惯，就会对学生今后很长一段时间的学习方式方法产生深远影响，因此对于小学生深度学习方法的指导，其重要意义远远大于对知识的教授。学习方式本身具有多样性和可变性的特点，如学生在学习的过程中表现出来的特定的学习倾向和学习习惯、特有的学习态度和学习风格，在自主学习、合作学习、探究学习、体验学习等过程中所采用的主要的学习方式。研究者们虽然已经意识到深度学习这一理论的重要性，但更多的还是停留在研究层面。

学校尝试对教师组织课堂教学能力进行培养，其本质是教师对学生随意注意和不随意注意的统筹管理。小学生注意力的持续时间不长，而且个体之间存在较大差异，因此需要教师通过对学生注意力的关注和培养来提高课堂的有效性。如果学生注意力不集中，教师讲得再多、讲得再好，也是无用功。因此，学校开展了"3分钟课堂常规展示"活动，对起立问好、坐姿训练、回答问题、打开课本、朗读课文、文具摆放、书写姿势、上传作业和鼓掌鼓励等内容进行展示，并要求各科老师，按班级固定的训练模式，在日常教学中参照进行。通过对课堂常规等非智力因素的培养，从根本上改变一上课就拖沓颓废的状态，从而改变学生不会听讲、注意力分散等问题。通过训练，力求实现学生在课堂上的有效注意时间不断延长，教师带领学生进行有效练习的时间不断增加。正所谓"磨刀不误砍柴工",当教师关注到非智力因素对于课堂教学的影响和作用时,上课时就不会仅仅盯着教学内容的完成情况。有了良好的课堂常规习惯,学生们在课堂上褪去了拖拖拉拉的懈怠感,充满了少年儿童应有的蓬勃朝气,课堂有了好的开始就有了保障,教师和学生都会成为这种充满生机活力的课堂的直接受益者。

可见,如何通过教学方式带动学生学习方式的转变是一个值得关注的问题。在教学过程中,如何让学生真正成为学习的主体,如何让教育行为不只是一味地追求教育的外在形式,如何重视学生的学情实际开展教学,都是我们教育人亟待解决的问题。对学生学习方式的研究,不但需要教育者吃透教育理论并将其付诸实践,还得真正做到具体问题具体分析,而非照搬照做。否则,就是对受教育者的不负责任,也是对学习方式理论的一种误读,最终的教学与学习效果都将会与预期大相径庭。

第五节　气质分类对"育心"教学法的影响

英国前首相撒切尔夫人曾这样说,小心你的思想,它会变成你的语言;小心你的语言,它会变成你的行动;小心你的行动,它会变成你的习惯;小心你的习惯,它会变成你的性格;小心你的性格,它会变成你的命运。

性格的形成与发展主要受四方面因素的影响。首先是个体的遗传基因,不同的先天基因条件形成了个体不同的气质,从而构成不同解释风格形成的基础;其次是个体的生活环境,尤其是个体的原生家庭、最初交往的人员等;再次是个体在成长过程中的日常生活体验,是指儿童从父母、老师和同伴那里获得的体验;最后就是文化背景的差异。

可见，生活中的每一个选择，都源于个体的喜好，而这些喜好都源于性格。气质不同，人的性格也会显示出一定的差别。先天因素对性格的影响并不是决定性的，它具有独特性和可塑性。每一个学生的生活经历不同，家庭环境不同，交往的朋友不同，这些因素对学生性格的形成会有很大的影响。作为教育人，了解学生的差异，有利于在教育教学中的因材施教。

一、历史上关于气质的相关研究简述

1. 古罗马的盖伦以体液类型作为气质类型的划分标准

这种方法根据人体内各种体液所占比例的不同将人分成了四类：胆汁质、黏液质、多血质和抑郁质。胆汁质者黄胆汁占优势，易发怒，动作激烈；黏液质者黏液占优势，善思考，冷静平缓；多血质者血液占优势，有热情，欢快活跃；抑郁质者黑胆汁占优势，有毅力，忧郁沮丧。以体液作为气质类型划分的依据欠缺科学性，但是给后续研究提供了思路。

2. 德国的克瑞奇米尔以体格类型作为气质类型的划分标准

（1）瘦长型：分裂气质，不善于交际、沉静、孤僻、神经敏感。

（2）矮胖型：躁郁气质，善交际、活泼、乐观、感情丰富。

（3）强壮型：黏着气质，固执、认真、理解迟钝、情绪易爆发。

持类似观点的还有美国心理学家谢尔顿。气质与体型之间也许存在某种相关，但一些研究表明，这种相关并不是像他们认为的那样简单和直接。

3. 日本的能见正比古以血液类型作为气质类型的划分标准

（1）A型气质的人：对孤独的忍受力较强，谨慎小心、不辞辛劳，但是遇事缺乏果断性。

（2）B 型气质的人：外向、社交能力强，自我意识较强，感情非常丰富，情绪却容易产生波动。

（3）O 型气质的人：非常自我，好胜心强、意志坚定，有很强的上进心。

AB 型气质的人：兼有 A 型和 B 型的特征，或倾向其中之一。

可见，人类对于影响性格的气质特点的研究从未停止，这给我们教育人最大的启示是面对先天气质各异的学生，我们该如何正视其存在，又该如何改进我们的教育教学方式呢？

二、巴甫洛夫气质类型

当下对气质的划分类型主要采用巴甫洛夫的研究成果，通常分为胆汁质、多血质、黏液质与抑郁质四种。

（1）胆汁质：比较容易兴奋，直率、热情、精力旺盛，容易冲动、心境变化剧烈。

（2）多血质：活泼，动作敏捷、灵活性强，喜欢与人交往，爱好广泛，注意力容易转移，情绪变化较快。

（3）黏液质：安静、稳重，动作较慢、沉默寡言，情绪不外露。

（4）抑郁质：敏捷、多疑，性情孤僻，情感体验深刻但不外露。

在教学活动中，可以观察到，有的学生朝气蓬勃，动作敏捷，他们做事干脆利落，但欠缺深思熟虑，经常会因为受挫而产生烦躁的情绪和放弃的念头；有的学生则比较谨慎，细致认真，他们发言不是很积极，但是却认真思考，这部分学生比较冷静，善于控制自己，不容易受其他学生的干扰。气质无好坏之分，比较难以被改变，对于性格的形成有一定作用。正视气质差异的存在，在教育教学中因材施教，帮助学生形成良好的个性品质、生活习惯以及学习习惯。性格的形成和各种习惯的养成受后天影响较大，想要培养学生养成良好的性格、形成良好的习惯，需要诸多因素综合发挥作用。

家庭的引导、朋友的交往、学校的教育、社会的影响、学生生活的每个组成部分，都会在性格和习惯形成的过程中留下浓墨重彩的一笔。

第六节　课堂观察助力"育心"教学法的形成

课堂观察让听评课走向专业化，更加具有实效性。以往的听评课，听前没有沟通交流，更谈不上合作，听课的教师不提前研究教材、了解学情，进入教室后才进入观课状态。评课多数凭感受，更多侧重教材重难点的落实情况，而真正应该重视的学习的主体——学生，并没有成熟的标准，因此也很难衡量本课的教学效果是否达到了授课教师的预期。

课堂观察让听评课更加有效，对于教师改进课堂有非常重要的意义。课堂观察可以发现和建立"教育假设—教学方案—教的行为—学的行为—学的效果"之间的联系，通过观察记录的各类数据就是最好的评课依据。因此，如何提前预设课堂观察点，确定课堂观察的目的和实施步骤，如何在听课过程中既面向全体又兼顾个体，如何科学设计课堂观察量表，如何在课堂观察后科学分析各类观察数据，又如何运用观课结果改进课堂教学，这些都需要教师潜心研究。课堂上教师是否平等、友好、耐心地对待学生，表扬和批评是否恰当，是否能投入热情面对学生的各种状况，激发学生持续学习的兴趣，鼓励学生大胆地质疑问难，帮助学生形成良好的学习方法，这些对于"育心"课堂的构建都非常重要。

　　我们从课堂教学互动、学生参与课堂教学活动有效性、既定教学目标达成情况、课堂教学资源有效性、教学语言有效性、提问有效性、矫正错误多样性和"育心"课堂针对个体非智力因素的观察记录八个方面设计了课堂观察量表。

　　"育心"课堂教学互动的观察记录用数轴的形式来统计，最终呈现的统计结果一目了然。"Y"表示学生主动举手回答问题，"N"表示教师随机提问，重复提问的学生则在"Y"或"N"后面加数字记录。

　　教师既定教学目标达成情况主要考虑教学目标设计的有效性，非常考验教师备课的水平，不仅要"备"教材，还要"备"学生。如何通过适合学生的教学安排，引导学生自主学习、自主思考、自主探索，是帮助教师进行课堂反思的重要依据。

　　教学资源有效性通过对教学语言的有效性以及有效提问的观察统计来反映，包含提出有效的问题或者是有效的提问策略，引导教师巧妙运用课堂提问的艺术，提高教学质量。在课堂教学中，教师要通过有效的提问或测验，检验学生学习目标的达成情况，达成课堂教学目标。正确的纠错方法和态度是师生间保持良好沟通交流的重点，一名优秀的教师应该善于把学生的错误看作是教学重难点的突破口，将其作为一种宝贵的学习资源和契机，引发更多深入的思考。学生不会的、做不对的，才是教学的重点难点，而非照搬教学参考书上设定的重难点。

　　在常态听课中我们发现，学习成绩优秀的学生，往往在课前准备中就有别于其他学生。他们往往会提前拿出课本或是作业预习相关知识，学困生往往没有这样的准备。一个班级的整体课前准备情况往往依赖于学科教师，特别是班主任的相关要求。如果教师提出课前准备的要求，并且在一段时间内坚持反馈和整改，课堂效果也会有所改善。

学生在课堂上的听讲情况也有很大差异。有的学生有边听边在书上或是笔记本上记录重难点或是自己的收获，这些学生往往有较好的学习习惯和学习成绩。学生差异较大的地方，往往不是听讲情况，而是能否认真倾听其他同学的回答内容。很多学生，甚至不少教师，在提问中往往只关注回答问题的学生，没有有意识地培养其他学生倾听同伴发言的习惯。一部分学生在别的同学回答问题的时候，甚至觉得与自己无关，趁机小声说话或是向外张望。

在倡导互助合作交流的课堂中，合作环节深受学生喜爱。但是通过课堂观察我们发现，这类课堂受学生欢迎的原因并非可以交流思想心得，而是可以在这时候聊几句与学习内容无关的闲话。学生的互动对于为目标达成有一定的帮助，但是往往这种过程需要较长时间才能使学生达到交流的深度和广度。否则，互助合作就有可能成为学优生的"心得发布会"或是学困生的"捡漏"小会，可见，小学课堂上的互动交流往往流于形式。但是，一些检查反馈环节应用互助合作形式还是比较省时和高效的。

"育心"教学法在以往课堂观察量表的基础上，专设了非智力因素观察等级量表，从学生的兴趣、意志、自信、自制力、荣誉感、体态语、积极程度、情绪情感、师生表情、焦虑程度、课前准备、互动习惯、求知欲望、应对挫折的态度等方面进行了量化观察。达尔文曾说过："我之所以能在科学上成功，最重要的就是我对科学的热爱，对长期探索的坚韧，对观察的搜索，加上对事业的勤奋。"我们设计这些观测点的主要原因是让教师们重视非智力因素对学生学习的影响。

表 2－1 "育心"课堂教学互动观察记录表

学校		班级		人数		科目	
执教人		课题		课型			
观察人		单位		时间			
观察点	教学互动						

参与次数

0

师生问答　生生问答　同位活动　小组活动　个体展示　集体活动

数据分析及建议	

表 2—2 "育心"学生参与课堂教学活动有效性观察记录表

学校		班级		人数		科目	
执教人		课题		课型			
观察人		单位		时间			
观察点			学生参与活动有效性观察记录				

<table>
<tr><td colspan="8" style="text-align:center">讲　台</td></tr>
<tr><td>1</td><td></td><td>2</td><td></td><td>3</td><td></td><td>4</td><td></td></tr>
</table>

发言人数		发言次数		发言面	％
数据 分析 及 建议					

表2—3 "育心"课堂教师既定教学目标达成情况观察记录表

学校		班级		人数		科目	
执教人		课题				课型	
观察人		单位				时间	
观察点		教师教学目标达成情况					
预设目标		教师设计活动		学生学习认知反应		目标达成（％）	
数据分析及建议							

表 2-4　"育心"课堂教学资源有效性观察记录表

学校		班级		人数		科目	
执教人		课题				课型	
观察人	单位	时间					
观察点		教学资源有效性					
教学资源		教师使用活动		学生反应		效果评估	
数据 分析 及 建议							

表2—5 "育心"课堂教学语言的有效性观察记录表

学校		班级		人数		科目	
执教人		课题			课型		
观察人		单位			时间		
观察点		教学语言有效性					
环节		教师过渡语		教师评价语		纠错	
数据分析及建议							

表2-6 "育心"课堂提问有效性观察记录表

学校		班级		人数		科目	
执教人		课题			课型		
观察人		单位			时间		
观察点		提问有效性情况					

问题归类	问题类型	学生回答问题的情况	提问目标达成情况（％）
有效的	导入型		
	探究型		
	提示型		
	其他		
低效的	过易的		
	过难的		
	无意义重复的		
	表述模糊的		
无效的			
数据分析及建议			

表2－7 "育心"课堂矫正错误多样性观察记录表

学校		班级		人数		科目	
执教人		课题			课型		
观察人		单位			时间		
观察点			纠正错误多样性情况				
矫正归类		矫正类型			学生学习认知反映情况		提问目标达成情况（％）
有效的		鼓励学生下次再答					
		引导学生继续思考					
		对问题再次进行解释和说明					
		降低问题难度					
		换其他学生回答后再次询问					
低效的		其他学生回答后不再理会					
		教师自己说出正确答案					
		全班一起回答					
无效的		忽视没有纠正					
		批评学生					
数据分析及建议							

表 2—8 "育心"课堂针对个体非智力因素观察记录表

学校		班级		人数		科目	
执教人		课题			课型		
观察人		单位			时间		
观察点		非智力因素的情况					

指标	观察点	A	B	C
兴趣	富有浓厚的学习兴趣,高涨的学习热情,对各种学习活动反应迅速,持续性强			
意志	想做什么就能坚持做下去,有任何困难或其他影响都能克服			
自信	认为自己是一个有价值的人,具有创造性思维,能用不同的方法解决问题,独立思考			
积极	积极举手发言,积极参与讨论交流,大量阅读课外读物,大胆提出和别人不同的问题,大胆尝试并表达自己的想法			
自制力	不受外界干扰,能很好地控制自己的注意力,上课积极且能主动认真听讲			
荣誉感	积极参与课堂上的活动或比赛,与同学的互动与讨论态度非常认真,有很强的集体意识			
体态语	表情丰富,动作舒展大方,情绪的好坏可以通过身体状态表现出来			

情绪情感	学生精神饱满、坐立端正、表情自然、面带微笑，对事物的感知度很高，能很好地调节自己的情绪			
师生表情	面部表情松弛自然，表情与心情一致			
焦虑程度	心态良好，不为新知识的掌握情况而担心，积极面对目前的困难			
课前准备	课前准备充分，物品放置齐整，课前自主预习新知识或复习上节课内容			
互动习惯	会主动与老师互动，回应老师，善于与人合作，善于倾听，在倾听中思考，在倾听后评价他人发言、及时补充自己的想法			
求知欲望	求知若渴，通过认真观察，能够主动发现和提出问题，有条理地表达思考过程			
对挫折的态度	遇到挫折不气馁，仔细分析原因，尝试用多种方法解决问题			
数据分析及建议				

第三章 "育心"教学法在小学语文学科中的探究

"育心",是一种文化，

在沟通与悦纳中的文化，独立思考，用心引领；

"育心"，是一种精神，

在平等与自主中的精神，相互信任，相互鼓励；

"育心"，是一种追求，

在尊重与期盼中的追求，积极参与，合作探究；

"育心"，是一种氛围，

在合作与超越中的氛围，全面覆盖，辐射生活；

"育心"，是一种习惯，

在勤学与敏行中的习惯，长此以往，执着坚守。

随着终身教育的概念逐渐为人们所接受，如何教会学生学习，使走出校门的学生能适应瞬息万变的社会，成为一个十分重要的问题。教师的教学方法要从以往的注意学生已经"学到了什么"转移到学生"会学什么"和"会不会学"上来。衡量学生会不会学习的标准，不仅仅是看他学会了什么，更重要的是看他有没有掌握学习方法，能不能独立地从大量的书本知识中精选和汲取有用的信息，会不会将知识加以综合分析应用。

"育心"教育关注学生的全面发展、全员发展，关注核心素养的全程培养，培育学生适应终身发展和社会需要的必备品格和关键能力。提升学生学习能力、获取学习方法是关键点。如何以学习力的提升为培养目标，让教法与学法优化并成为撬动质量提升的有力杠杆，渔鱼兼授，促进学生核心素养的全面发展，是我们始终在思考和实践的课题。

每天做一点加法，寻找教育教学的生长点；每天做一点减法，寻找各项工作的整合点。在探索的过程中，一点一滴地积累，聚少成多，使探究路径越来越明晰。

第一节 "育心"教学法的研究起步

教学是一种特殊的认识活动，学生是认识活动的主体。所以说，学生在学习过程中对于知识的选择加工有很大的能动性。教师应注重学生的选择性，把主要精力放在指导学生如何独立学习上，如此才能使学生独立学习的能力获得较大的发展，使知识传授和能力培养形成良性循环，提高教学质量。培养什么样的人，怎样培养人，为谁培养人，这些是学校必须明确的方向。

一、教育的根本问题——培养什么样的人、怎样培养人、为谁培养人

1. 培养什么样的人

唤醒自身潜能，调动发展优势，拥有自我学习能力，是每个人在这瞬息万变的时代里生存的根基，也是当下教育的基本要义。作为基层学校，需要有对核心素养的落实举措、对相关课程的深刻理解，才能在校本化实施的过程中践行新课标的理念。

2. 怎样培养人

在教学过程中，当教学目标、任务、内容确定后，教师能否恰当地选用教学方法，成为能否顺利完成教学任务、实现预期目标的决定性因素。不同的教法决定了不同的学法，不同的学法又将直接影响学生对知识的掌握水平、迁移能力、学习兴趣及情感态度。因此，以提高学习力为核心的教学方法研究，让学生在主动学、学会学与自主学的过程中实现核心素养的发展。

3. 为谁培养人

教育兴则国兴，教育强则国强。教育不仅仅承载着传播思想、传播真理、塑造灵魂的时代重任，更承担着实现中华民族伟大复兴的重要使命。

二、"育心"教学法的开展过程

学校为提高教师的教学能力，以基于反思的教法与学法研究为基础，用小方法带动大研究，引导师生学会如何思考方法、形成方法、驾驭方法。

只有"会教"的老师才能教出"会学"学生。学校以方法为杠杆，撬动师生教与学的生长点。传统的课堂教学以教师讲授知识为主，学生处于被动听讲状态。但学生才是认知的主体，是在一定情境下知识的主动建构者。学习的过程是必须内化的过程，这一过程不是由教师的"教"来完成的，而是靠学生的"学"。因此，课堂教学的落脚点是通过正确的学法来掌握和运用知识。

"实践—认识—再实践"是辩证唯物主义认识论的基础。对教法和学法的提炼需要遵循"从实际中来，到实际中去"的规律，既要帮助教师实现从"经验型"到"策略型"的蜕变，又要不断验证学生的学习方法能否充分调动其内在积极性，培养出可持续的学习力。

能够对知识做到融会贯通、举一反三是检验学习成效的重要标准，而对学习方法的研究正是遵循了心理学中的迁移规律，用科学的方法帮助学生在先前知识结构与生活经验的基础上，结合新知，重新建构，以形成更高一级的认知结构，并在新的情境中加以运用。

三、"育心"教学法的方法依据

1. 以教学目标为出发点

教师制订的不同的教学目标决定了学生选择什么样的方法去完成任务。如果有为传授知识，那仅用讲解和练习就能达成目标；如果是为答疑解惑，讨论将必不可少；如果是为形成技能，流程化的训练将非常有效。

2. 以所学任务为支撑点

一般来说，不同的学科性质、不同的教学环节，应采取不同的教学方法。同一学科同一教学环节，教法与学法的不同将直接影响学习的效果；同一教学方法也可适用于不同的学科，产生与内容相适应的教学成效。

3. 以实际学情为落脚点

教师的教是为了学生的学，在选择教法时，既要基于学生整体的经验基础，又要考虑不同学生的个性特点。因此，对方法的选择将要综合考虑学生的知识基础、认知风格、学习态度、情感动机、意志品质等诸多因素。

四、"育心"教学法的发展阶段

1. 教学有法：教师建模阶段

教学方法是在教学过程中教师和学生为完成教学任务、实现教学目标而采取的活动方式、手段与途径的总称，是为实现教学目标师生共同活动时所采用的各种方式和手段。在教法的建模阶段，学校充分做好"育心"教学法课题研究中的科研与教学的深度融合，在教的过程中做到了把握规律性，重在启发。结合学科与学生特点，分别从"预习—听讲—笔记—计算—书写—背诵—交作业—改错—复习—阅读"等教学环节中选定最实用的教法与学习方法进行研究，并在教学过程中进行实验验证，按照"确定研究问题—研究问题缘由—总结解决流程—标注注意事项"四方面定期记录研究过程与教学效果。

2. 贵在得法：学生入模阶段

学习方法是指学习者通过习得或实践得出的快速掌握学习知识的办法，学习方法的使用直接影响掌握知识的效率、理解知识的效果及迁移知识的能力。学生在学法的入模阶段逐步发挥学习主动性。"育心"教学法从"案例设计—个性调整—解决办法—学生变化"四方面记录并反思学生对学法的掌握情况，指导学生在面对不同的学科知识、处于不同教学环节时，能明确学习目标、遵循操作步骤、梳理解决思路、实现自主学习，直到得法得道，学以致用；一旦在哪个环节出现问题，也能自查问题所在，使反思能力逐步提高。

3. 教无定法：师生出模阶段

教学方法包括教师教的方法和学生学的方法两大方面。教师在教学过程中处于主导地位，因此教法处于主导地位；而教法又必须依据学法，否则便会因缺乏针对性和可行性而不能有效地达到预期目的。因此，在"育心"教学法的出模阶段，师生都尝试着体现出对教学方法运用的统一性和个体性，即在遵循统一流程方法的前提下，实现个性化的实施。学校在全校教师共同研究的基础上构建起整体教学方法策略框架并汇编成册，鼓励教师在实践中不断尝试和探索新的教法；在方法习得的过程中积极关注弱势学生的学习进程，促进教育公平的实现。

第二节 "育心"教学法的初步建模

一、"育心"教学法的前期准备工作

"育心"教学法是在教育过程中，重视学生情感、思维、意志等心理方面的发展，以培养学生的心理素质为核心，为学生提供一个积极、健康、和谐的学习环境，通过提供情感支持、融入情感教育、培养学生良好的思维方式和坚定的意志品质，激发学生持续学习的兴趣和热情，增强学生的自信心和合作精神，帮助学生全面发展。

（1）了解学生的情感需求。不同年龄阶段的学生有不同的情感需求，了解学生的情感需求，制订合适的教学策略。教师可以使用问卷、访谈等方式了解学生的情感需求，并根据结果设计相应的教学计划。

（2）创造良好的教学环境。教学环境对于学生的情感和心理发展具有很大的影响，教师应该为学生营造一个积极、健康、和谐的教学环境。在教学中，可以采用小组讨论、互动游戏等方式让学生积极参与，增强学生的自信心和合作精神。

（3）提供情感支持。教师可以通过提供情感支持来帮助学生发展情感，培养学生的自信心和积极性。在学习和生活中，教师可以提供鼓励和帮助，引导学生发现自身的优点和潜力，激发学生的热情和动力。

（4）融入情感教育。情感教育是"育心"教学法中的重要组成部分。情感教育可以帮助学生发展情感智力，增强自我认知和情感表达能力。教师可以在教学中融入情感教育的元素，如鼓励学生分享自己的情感和体验，教育学生理解和接纳他人的情感，帮助学生处理情感问题。

（5）锻炼学生的思维和意志。在"育心"教学法中，教师应该注重锻炼学生的思维和意志，学生的思维和意志可以影响其情感和心理发展。教师可以通过授课和课外活动等方式，帮助学生提高自主思考、自主探究和积极寻找解决问题的方法的能力，增强判断能力，鼓励学生勇于尝试和挑战自己，培养学生的自信心和自律能力。

二、"育心"教学法的解读

"育心"教学法是指教师在积极心理学的指导下，有目的地通过广泛的问卷调查，了解学生现状，分析影响学生学习效果的非智力因素，设置利于学生心理机能发展的全方位的教学目标，通过在课堂上创设生动具体的情境，利用多种有效方式激发学生积极向上的情感体验，从而帮助学生理解教材，在多元评价的激励下，从知、情、评、意、行五个方面立体实施。在课堂教学中，这五个要素之间不是简单的单向往复，而是立体的、重叠的、并行的关系。一般来说，应该遵循知、情、评、意、行为主线的五个主要环节，知是情的基础，情又影响知的提高，行是知、情、意的外部表现，知是行的先导，行是知的目的，知情意行是一个逐步上升、逐步整合的过程，从了解到触动，再到思考与行动，循环往复。评价贯穿于整个教学环节，它决定着课堂教学的走向，影响着教学效果，通过有效的评价实现晓之以理，动之以情，导之以行，知行统一，并达到持之以恒的目的。

"育心"教学法的重点在于关注学生的心理需求，尊重学生的个性差异，使教育更加人性化，符合学生的特点和需求。这种教学法强调教师与学生之间的互动，使学生可以在愉悦、有挑战性和具有情感价值的学习环境中，体验到成功、尊重和爱的感觉。它涉及学生的心理、情感、思维和意志方面的发展。这种教学法不仅能够帮助学生在学习上取得更好的成绩，还能够培养学生的自我认知和情感表达能力，提高学生的心理素质和健康水平，促进学生的全面发展。

三、"育心"教学法与其他优秀教学方式的关系

"育心"教学法与其他优秀教学方式并不是矛盾的概念，它们可以互相融合和提升。在其他优秀教学方式的基础上，通过"育心"教育的理念和实践，可以使教学更加符合学生的心理特点和发展需求，从而实现更好的教学效果。

优秀的教学方式多种多样，如探究式学习、项目制学习、合作学习、信息技术教学、游戏化教学。这些教学方式都在一定程度上激发了学生的学习兴趣和动力，增强了学生的学习效果和综合素质。

"育心"教学法的理念更加关注学生的心灵健康和人格素质，注重培养学生的自我认知、情感管理、人际关系和价值观念等方面的能力。"育心"教育的实践是以学生为中心的，注重个性化和差异化的教学，帮助学生更好地适应社会和生活，成为具有社会责任感和创新精神的人才。

"育心"教学法与其他优秀教学方式可以相互融合和提升。例如，在探究式学习中融入"育心"教育的理念，注重学生的情感管理和自我认知，帮助学生更好地理解自己和他人，建立良好的人际关系；在项目式学习中，可以注重培养学生的创新能力和社会责任感，鼓励学生解决社会问题和提出创新思路；在信息技术教学中，可以通过互联网资源的丰富性和多样性，激发学生的学习兴趣和动力，培养学生的信息素养和跨文化交流能力。"育心"教学法与其

他优秀教学方式应该相互融合和提升，以达到更好的教育效果，培养更符合社会需求的人才。

四、"育心"教学法在小学语文学科起步的原因

小学语文教学归根结底是语文学科核心素养的培养，《义务教育语文课程标准（2022版）》中明确指出，语文课程培养的核心素养是学生在积极的语文实践活动中积累、建构的，并在真实的语言运用情境中表现出来，它是文化自信中的语言运用、思维能力、审美创造的综合体现。

小学阶段的学生正好处于身体和能力成长完善的关键期，是培养学习能力、情绪能力、意志能力和学习习惯的最佳时期。因此，学校需要依据儿童身心特点与教育规律因材施教，灵活变通地开展课程，从而使学生获得自由而充分的个性发展。在教育教学工作中，教师应该更加注重人文关怀。

随着课程改革的不断深入，小学语文教学已经越来越规范，课程资源越来越丰富，教师的思想认识与业务水平也不断提高。根据本研究的前期调查发现，从学生层面来看，由于语文教学中重读写、轻听说，以考试为导向等问题依然存在，因此小学生在语文学习中，还存在焦虑紧张心理、消极自卑心理、失落逆反心理等问题。"育心"教学法在小学语文学科中，配备了具有积极心理学知识与指导能力的师资队伍，形成有机渗透积极心理教育的语文课程设置，结合语文学科特点有效实施心理健康教育，整合基于积极心理的语文教学资源，这些都使小学语文学科成为实践"育心"教学法的首选学科。

五、国内外相关研究学术史梳理和研究动态

目前与积极心理学相关的内容并不多，仅有的研究多集中于在教学方法及对教学效果的影响方面。我们尝试对国内外积极心理学

的历史进程和发展现状进行综述，并结合积极心理学在阅读、写作、小学语文学科中的具体应用，解读"育心"教育理念应用于小学语文教学中的价值，研究"积极心理品质"的概念及内涵。随后，深入到小学语文教学中，实现小学生积极心理品质培养的现状分析及其应用策略研究，进而展开对小学生积极心理品质形成、培养、发展的语文学科环境建设研究、语文学科课程建设研究与品牌建设研究，以形成有利于小学生积极心理情绪体验的语文学科育人氛围，构建塑造小学生积极心理人格品质的语文学科课程，推进在语文教学中培养小学生积极心理模式的品牌效益。

"育心"教育理念促使学校改变语文教学重读写、轻听说的现状，改善小学生在语文学习中的焦虑紧张心理、消极自卑心理、失落逆反心理等问题，制订明确的教学流程，为后续研究方法与策略的实施提供依据。

第三节 "育心"教学法在小学语文学科中的探究

一、"育心"教学法有效性的心理影响因素

（1）积极心态是实施"育心"教学法的前提。心态是人们生活的一种状态，或积极，或消极。具有积极心态的人具有精力充沛、思维活跃和情绪高昂的特点。由于课堂教学是师生在相互作用中实现各种信息转换的过程，教师和学生的心情、情绪、态度、习惯、疲劳程度等都会直接影响教学活动的有效性。

（2）心理同步是实施"育心"教学法的保障。心理同步是指教师要以自己的认识、情感、意向活动，唤起学生相应的心理活动，

使教师输出的教学信息能转换为学生主动输入的学习信息。心理同步的核心是师生双方思维的同步，共同探讨学习的重难点、关键点和疑惑点，共解知识之谜，共同体验教学的愉快。

（3）心理换位是实施"育心"教学法的重要因素。心理换位主要强调师生之间的相互适应，这种适应是主动的而非被动的，适应包括语言表达、方法、思维等各个方面。心理换位要求教师要善于观察学生的心理状态，及时发现并有效把握学生当下的学习心理状态。学生学习心理状态主要表现在认知心理、情感心理、意志心理等方面，对于一个有观察力的老师来说，学生的欢乐、惊奇、疑惑、紧张、焦虑等都是其内心活动最细微的表现，不善于观察了解学生心理状态的老师，很难对课堂教学实施有效调节。所以，在课堂教学中，教师要善于自我观察、自我控制，包括情感、教态、语言、行为等，将消极情绪和不良心境消除在课外，采取有效的心理教育措施，培养学生良好的心理素质。

二、小学语文实施"育心"教学法的优势

"育心"教学法是一种注重培养学生思维品质和情感品质的教学方法，旨在提高学生的自主学习能力和创新能力，促进学生的全面发展。在语文学科中，有许多实施"育心"教学法的优势。

（1）引导学生通过阅读、写作、讨论等方式，探究文本的意义和价值。例如，在阅读课文时，教师可以引导学生分析文本中的语言特点、描写手法、情感表达等，从而深入理解文本的内涵和意义。

（2）鼓励学生思考和表达自己的看法和感受。教师可以通过提问、讨论、辩论等方式，促进学生的思维和语言表达能力的发展，帮助学生形成独立思考和创新的能力。

（3）通过情感教育培养学生的情感品质。教师可以通过文学作

品的阅读和讨论，引导学生理解和体验文学作品中所表达的情感，培养学生的情感共鸣和同理心，从而提高学生的人文素养和情感品质。

（4）组织学生进行创作活动，培养学生的创新能力。教师可以鼓励学生进行文学创作、口头表达、绘画等活动，通过这些活动培养学生的创造性思维和表达能力，提高学生的自主学习能力和创新能力。

教师要关注学生的学习和情感状态，与学生建立良好的师生关系，帮助学生解决学习和生活中遇到的问题。在实践中，教师可以采用小组讨论、个别辅导等方式，与学生建立密切的联系，关注学生的情感变化和学习困难，帮助学生解决问题，激发学生的学习热情和自信心。

三、"育心"教学法的实施过程

课堂上教师创设多元学习情境，开展多向交往互动，优化学习心理环境，突出情感教育、心理教育、体验学习、"育心"管理、学习心理辅导和训练等，诱发探索新知的学习动机，培养好奇乐学的积极兴趣，提供勇于尝试的表现机会，鼓励积极主动的成功体验，诊断学习中的心理问题，化解学习活动中的心理困扰等，变知识型教学、能力型教学为"育心"教学。正是由于师生之间的心理相融、互动和谐的人际交往，赋予教学以提升精神生活品位的独特意义。

多元智能开发、思维导图助力"育心"教学法的形成，以加德纳多元智能理论为基，不再以"一把尺子"衡量学生。教师要善于发现每一个学生的潜能，并努力去发掘和发展学生的潜能。这一文化的营造，将促使我们把教学根本性变革的方向和重点真正落实在每一个教学细节、环节和活动中，使课堂真正回归"人本时代"。

积极心理学

以知育心　以情育心　以评育心　以意育心　以行育心

| 突破认知瓶颈自主获取新知 | 感受学习乐趣体验分享喜悦 | 寻标立标对标同伴互助成长 | 自律他律结合持续成长力量 | 课堂效果延伸实践起悟人生 |

| 指导学习方法提升课堂效能 | 创设良好氛围落实情感熏陶 | 尊重学生差异动态多元评价 | 集结思辨智慧激发动能活力 | 家校社会联手全面立体育人 |

| "知"指的是认知、观念，认知，包括感知、意识和注意、记忆。认识是情感和行为的基础，只有有了正确的认识，才会有正确的情感和行为 | "情"指的是情绪、情感，情绪和情感是由机体内外部生理唤醒。情感是沟通桥梁，开内心大门 | "评"指的是评价。评价对于教学的诊断、甄别、导向、调节和促进的功能，贯穿于整个教学环节。它决定着课堂走向，影响着教学效果 | "意"指的是思维模式，并形成意志与意志。意志是自觉克服困难过程，勤奋、吃苦、自制、奋斗力是意志的体现 | "行"是学生的行动。经过反复实践而形成动力定型化一种行为。行为是衡量育成果的外显标志，也是育效果巩固的重要途径 |

图 3-1 "育心"教学法的实施过程

"育心"教学法的实践探索过程是一种独特的文化。支撑这种实践活动的重要理论基础之一是"人本思想"，由此确立的教学行为原则是换位思考、以学定教、以教导学、以学评教。被这种思想长期浸润的教学文化不仅使课堂教学充满凝聚力、生命力、智慧力和创造力，全面提升了课堂的生命价值，而且使教学本质和人的本质在教学过程中的"适应与发展"中实现了契合。

"育心"教学法较好地完成了建设人本关爱、系统优化的高效课堂的目标，解决了课堂教学中普遍存在的教师知识权威、管理权威等观念上的根本问题，既强化了效率、效应、效果意识，又深化了教学改革的价值取向，符合课程改革的基本理念和人本教育的时代要求。

四、"育心"教学法在小学语文中的实际应用

小学语文教学归根结底是语文学科核心素养的培养，在"育心"教学法的指导下，语文的学习情境中巧妙地融入了"育心"文化理念。在小学语文教学中，要注重创造一个轻松、愉快的学习氛围，让学生感受到学习的乐趣，减轻他们的心理压力。教师可以通过亲切的语言、生动的课堂活动等方式来营造良好的学习氛围，让学生愿意表达自己的想法和感受，触发学生情感，让学生对文本产生情感共鸣，结合文本进行些情感体验活动，如文学创作、角色扮演等，让学生亲身感受文本的魅力，同时鼓励学生用语言、绘画、音乐等形式来表达自己的情感，培养他们的表达能力和创造力。在此过程中，密切关注学生的情感变化，进行积极的引导和疏导，帮助学生更好地理解和处理自己的情感。将情感教育与语文知识教学有机结合起来，在学习语文知识的过程中培养良好的情感态度和价值观。

以知"育心"，提升语文课堂效能。在教学过程中，教师要进行方法上的指导，培养学生独立思考、自主探究的能力。如何使语文交流从课堂教学情境中扩展开去？下面以《月光曲》一课为例细行分析。青岛的孩子对于大海并不陌生，但是对月光下的海却未必熟悉。教师可以这样引导："阳光下波光粼粼的大海是我们所熟悉和喜爱的，你们能想象月光照耀下的大海的壮美吗？让我们一边读书，一边在脑海中想象画面。"教师边巡视，边指导学生运用圈画

关键词、提取重要信息等方法，找到自己喜欢的句子，进行小组交流。再如，在古诗《竹石》的教学中，教师帮助学生理解古诗的意思，体会作者借竹喻己的用意；并在这首诗的基础上拓展学习古诗《墨梅》，教师让学生自主合作探究，体会《墨梅》一诗中作者借墨梅所表达的人生志向。在这样的活动中，学生可以感受到学习角色的转变，由学习的"被动者"变为学习的"主动者"，在展示学习成果的过程当中更加自信地表达，真正掌握学习方法，进而迁移运用。

以情"育心"，落实语文情感熏陶。语文课堂中，教师要用情感丰盈的教学激起学生对语言文字的情感体验，激发学生的创造性思维，让学生在真情涌动的语文学习活动中提升核心素养，在真、善、美的情感陶冶中塑造健康人格。例如，在教学《狼牙山五壮士》时，用国歌《义勇军进行曲》导入，激起学生的豪迈之情；在中间播放电影《狼牙山五壮士》的片段，当看到五壮士不怕牺牲，冒着敌人炮火毅然挺上狼牙山顶峰时，学生热泪盈眶。我相信，那一刻，烈士的精神定会铭刻在学生记忆深处。课堂上，教师还应及时抓住学生稍纵即逝的情感火花，巧妙点拨，把它变为"燎原之火"。教学《桥》时，有个学生问："这个青年就是老支书的儿子，因为老支书的铁面无私，最终让儿子也牺牲了，他会不会后悔？"我借此引导大家思考：如果再来一次，老支书还会不会把自己的儿子揪出来？学生各抒己见，意见不一。于是我适时引导：老汉是丈夫、是父亲、是党员、是村支书，在每一次抉择中，他都将谁放在了最后？在他心目中，哪个身份是首要的？在这样的引导中，让学生进一步体会到人物的崇高精神。学生的质疑像一粒火花，如果教师漠然置之，便稍纵即逝；如果合理导之，往往能激起学生情感的波澜，解决疑难则易如反掌。

以评"育心"，激发语文学习动力。教师最大的价值就是激发学生的学习动力和持续学习的毅力。在语文课堂中以评育心，激发学生学习的积极性和持久力。

例如，一次语文课上，我请小鹏同学读课文，他读得结结巴巴。读完以后，他就一直低着头，不敢看我，看他的样子就是正等着"挨批"呢。

我轻声问他："昨天你回家读了没有？"

"没有。"他小声说道，头低得更厉害了。

"一遍也没读吗？"我追问。

"没有。"他的声音越来越小，大概以为这次我会狠狠地批评他，因此我昨天布置了读课文的作业。

"你很诚实，不说谎话，这一点很好。不过老师布置的作业，要记得完成，好吗？"我微笑着对他说，示意他坐下。

他连忙使劲点了点头。当然，仅仅到此就结束是不行的，要及时发挥以评"育心"的作用。我接着对大家说："同学们，小鹏同学回家一遍也没读，就可以基本上把课文读下来，说明他有很好的朗读天赋，要是他能稍微认真读上几遍的话，我相信他一定会读得很棒！你们说呢？"

"对！"学生们异口同声地回答。

"怎么样，小鹏，今天回家好好准备，明天再读给我们听吧？"我对他说。

"好的。"他小声答道。

下午送放学队时，我特意走在他身边，在他耳边悄悄地说："别忘了回家读课文。"他使劲点了点头。

第二天一上语文课，他的眼睛就一直紧紧地盯着我，生怕我忘记昨天和他的对话，我怎么会呢？于是，我请他把整篇课文读了一遍，他不仅一个字都没错，还很有感情呢！读完以后，全班同学都不由自主地鼓起了掌。我伸出大拇指表扬他，说："怎么样，我说你有朗读天赋吧，以后只要你提前读几遍，朗读能力还会提高的。"

这样的鼓励性语言营造了良好的课堂氛围和心理环境，对提高教学效率和学生心理健康水平都有深远的影响。

以意"育心"，培养学生意志品质。语文课堂教学要引导学生体会自主学习的重要性，激发学生的自律意识，激励学生善于总结，激扬学习兴趣，从而实现"以意育人"的目的。语文教材中编排了许多革命人物的英勇事迹，他们身上乐观无畏的坚韧意志在今天同样意义非凡，值得学生学习。语文课堂应借助这些文章引导学生在学习生活中不惧艰难困苦，在逆境中磨炼自己，以积极乐观的态度和强大的内心去直面困难，以坚强的意志面对生活。如《青山处处埋忠骨》中，毛主席作为父亲对儿子饱含深情，作为人民领袖以国家为重、为革命不徇私情，在教学这一课时，不仅仅要让学生感受到毛主席的精神品质，同样也要引导学生去联想千千万万像毛岸英一样为国捐躯的人民志愿军烈士。英烈们忠贞为国的家国情怀，对于增强学生的责任感和使命感有着巨大的推动作用。在执教《示儿》和《题临安邸》两首古诗时，我采用了互文参读的教学方式，引导学生比较异同，看到权贵们面对国家分裂不思进取、醉生梦死的情形，让学生更深刻地感知陆游心怀祖国的高尚品格。将两首古诗重组融合，在比较诵读中潜移默化地滋养学生的心灵，锤炼学生的意志，鼓舞他们面对逆境时无所畏惧，勇往直前。

以行"育心"，搭建生活语文桥梁。叶圣陶先生说过："生活即语文，语文即生活。"语文学习不应该仅仅停留在课堂上，语文素质的养成关键在于实践。在教授《中国美食》这篇课文时，为了让学生深入了解中国的美食文化，我布置学生自主收集资料，了解中国各地的特色美食。同时，设计了画手抄报、介绍一种自己了解的特色美食、学做一个拿手菜等活动，让学生在收集资料、交流互动、动手实践的过程中，喜欢上中国传统文化，真正把语文学习从课内引向课外。在教授《妈妈睡了》一课后，我开展了为期一周的《妈妈睡了》课后延伸活动——做一件让妈妈温暖的事，让学生仔细观察、开动脑筋，用实际行动来表达对妈妈深深的爱。这样的实践活动是对语文课堂的延伸，让学校和家庭形成教育合力，全面立体育人。统编小学语文教科书三年级上册第二单元以"金秋时节"为主题，把秋天的风景以不同的形态展示给学生，在设计这个单元时，我创设了"跟着书本去秋游"的单元大情境，让学生从课内走向课外，带着"看秋天、闻秋天、听秋天、写秋天、忆秋天"的学习任务，充分感受秋天的美好，提升自身的语文能力。

语文课堂教学的过程，正是学生在真实、复杂的言语世界里，积极主动进行言语实践的过程，也是学生在动态呈现、多维交互中得到文化熏染、情感共鸣的过程，更是学生参与社会文化生活、认识并理解世界的过程。"育心"教学法指导下的语文教学过程循序渐进，启发学生的联想，把教材的语言化为教师的语言，层层递进理思路、讲方法、用方法，使学生在涓涓的情感细流中夯实知识，不仅让学生掌握了必备的知识，更能帮助学生身心健康成长。

第四节 "育心"教学法实施的具体过程

"育心"教学法的提炼经历了近六年的时间，以知"育心"、以情"育心"、以评"育心"、以意"育心"、以行"育心"之间是并列的关系，并没有固定的先后顺序。在实际的课堂教学应用中，是相互交错、互为依赖和补充的。在此过程中，教师和学生各有任务目标，共同为达成目标积极参与、主动更新、力求发展。

以知"育心"，教师指导学习方法，提升课堂效能，学生突破认知瓶颈，自主获取新知。

以情"育心"，教师创设良好氛围，落实情感熏陶，学生感受学习乐趣，体验分享喜悦。

以评"育心"，教师尊重学生差异，动态多元评价，学生寻标立标对标，同伴互助成长。

以意"育心"，教师集结思辨智慧，激发动能活力，学生自律他律结合，持续成长力量。

以行"育心"，教师课堂效果延伸，实践起悟人生，学生家校社会联手，全面立体育人。

一、以知育心，教师指导学习方法，提升课堂效能，学生突破认知瓶颈，自主获取新知

"知"指的是认知、观念，认知包括感知觉、意识和注意、记忆。认识是情感和行动的基础，只有有了正确的认识，才会有正确的情感和行为。

课堂教学中，知识的传授方式已经发生了变化，教材不再仅仅是印刷出来的书本，知识既是课堂教学的内容目标之一，也是一种载体，即培养学生学习能力的载体。因此，对教师来说，做到以知"育心"不仅仅要考虑如何用最佳手段、最优途径让学生了解学科中的重点、难点，还要考虑这些知识承载的能力培养、德育教育、身心健康与积极的生活态度的结合点。可见，对教师来说，这些都要在备课时充分考虑到。在学习知识的过程中，当学生遇到学习困难、产生疑问、急于想知道正确结果的时候，教师不要急于教，因为这时是引发学生思考的最佳时刻，让学生有一个自主探索的过

程，给学生留足自主探索的时间和空间。通过学习方法的指导，逐步培养学生提高学习能力，形成独立思考、自主探究、互相讨论的学习习惯。学习知识的过程，也是全面立体"育心"的过程。例如，语文教学中，教师通常在学生初读以后让他们谈谈课文写了什么，这样做的目的是增强学生整体感知课文的能力，看似是简单地叙述课文内容，其实包含了记忆力、概括力和表达力的综合训练。语文教学中对文本的整体感知是学生学习课文的首要环节，在这一环节训练和培养学生的语文能力是非常重要的，看似仅涉及对课文内容的初步认识，实际上是课堂中落实情、意、行等育人目标的重要步骤之一。

二、以情育心，教师创设良好氛围，落实情感熏陶，学生感受学习乐趣，体验分享喜悦

"情"指的是情绪、情感，情绪和情感是由独特的主观体验、外部表现、生理唤醒组成的。情感是彼此沟通的桥梁，是开启教育对象内心世界大门的钥匙。

小学生情感丰富，容易受到环境、同伴情感的影响。课堂上学生的情感不仅会影响学习的效果，更会影响学生一天的心情。设想一下，上午第一节课就被老师批评或是由于回答错了问题被全班同学嘲笑，学生这一天还会有好心情吗？答案当然是否定的。以情"育心"，不仅仅是挖掘教学内容中蕴含的情感，更要重视让学生在学习过程中，体验学习的乐趣与分享的喜悦。只有精心地预设，才能得到精彩的结果。例如，在音乐课堂上，教师通过图片及音乐创设情境，带领学生走进一个个不同情绪的乐曲中，引导学生对每段音乐进行整体感知，感受歌曲的情绪；在美术课堂上，教师通过为学生创设一个良好的赏析氛围，使他们认识到生活的美好，激发对

自然的热爱、对生活的热爱、对生命的热爱。

教师稳定而又温和的情绪，是师生良好沟通的前提。任何时候都不能在课堂上宣泄负面情绪，发泄个人不满，甚至嘲笑学生。面对学生的错误回答也不要马上批评，而是引导学生发现错误的原因，鼓励学生积极参与讨论，不轻易否定学生的回答，给学生更多解释的机会。

三、以评育心，教师尊重学生差异，动态多元评价，学生寻标立标对标，同伴互助成长

"评"指的是评价。评价对于教学有诊断、甄别、导向、调节和促进的作用，贯穿整个教学环节。它决定着课堂教学的走向，影响着教学效果。

小学生活泼好动，模仿性强，好胜心强，在身边榜样的激励与带动下，他们往往会获得更强的动力。这就需要教师在尊重学生的个性差异的前提下，把他们按照性格特点、能力水平等因素进行分组。小组合作可以贯穿课堂始终，小组评价也要与之相匹配，教师要引导学生从多个方面去评价，包括学业成绩、创新精神、实践能力，还有责任意识、道德品质以及合作能力等。

教师在完全了解学生现有差异的前提下，还要较为准确地预设可能出现的差异，更要关注学生之间差异的发展过程。教师应该发挥课堂即时评价的功能，即在教学过程中教师对学生的具体表现做出及时的口头回应。课堂及时评价往往与教育活动过程融为一体，强调对具体行为的评价和指导。我们可以创设贴近学生生活的情境，通过多种学生喜闻乐见的形式进行引导，结合学生的理解和掌握程度，及时调整完善教学进度，让学生在学习的过程中由易到难，更好地掌握所学知识，从而实现"以评育人"的目的。

卡耐基曾说："使一个人发挥最大能力的方法是赞美和鼓励。"现代评价理念也提倡以鼓励、表扬等积极的评价为主，采用激励性的评语，尽量从正面加以引导。评价的方式可以多种多样：润物无声的过程评价可以结合学生的成长档案袋进行，设计"美德礼盒""古诗考级卡""读书心得卡""赞美卡"等卡片激励学生；精心打造成果展示台，可以结合学校的微信平台、校园网、学校展板、各班级展板、一廊一柱一墙进行，用书画习作、精品作文、手工艺品、摄影作品展示等使学生树立自信；形成多样的奖励表彰，可以通过邀请学生做校园小讲师、担任颁奖嘉宾等形式进行，如在音乐课堂上，教师可以引导学生想象歌曲中的美丽景色，鼓励学生写下自己的梦想，通过梦想激发学生对未来的无限向往。

四、以意育心，教师集结思辨智慧，激发动能活力，学生自律他律结合，注入成长力量

"意"指的是思维模式，并形成固定的观念与意志。意志是自觉克服困难的心理过程，勤奋、吃苦、自制、毅力、奋斗都是意志的具体体现。

意志，是一个人自觉地克服困难、战胜挫折，最终实现预定目标的心理过程。一个人的意志品质不是天生就有的，而是受教育理念、家长的言传身教、家庭和社会的影响以及个人情趣爱好等诸多因素的影响。在教育教学中，要结合学科特点和学生的年龄特点，有意识地进行意志品质的培养。

良好的意志品质，是一个人积极地、强烈地想实现愿望的心理，需要经过长期坚持不懈地磨炼，战胜无数的困难，在多次挫折和失败中逐渐形成。意志力的发展有七个阶段：本能—冲动—欲望—动机—愿望—决心—决定。前两种的意志是与生俱来的，后五种

是需要教学中加以引导的。如果人只是基于本能或欲望去做事情，经常会做出错误的决定。因此，要在教学中帮助学生树立美好的愿望，即使不能做到完美，但只要是通过努力把事情做得一天比一天更好，也可以培养学生养成有始有终的习惯，使他们专注于当下的学习任务。例如，美术课上，教师应鼓励学生积极面对创作过程中暂时的失败，不气馁，鼓起勇气继续完成作品；面对数学课上的难题，要尝试用各种已知的知识来解决；同样，教学内容中也有这种机会，如《冀中的地道战》一课，冀中人民用各种妙法来防备敌人，展现了不怕困难、顽强应战的决心；《不懂就要问》一课中，孙中山先生不怕挨打，坚持不懂就要问的决心，都是以意"育心"的最好体现。课堂教学只是学习的一部分，教师要通过课堂教学引导学生体会自主学习的重要性，激发学生的自律意识与学习兴趣，从而实现以意"育心"的目的。

下面以体育课为例，分析以意"育心"的过程。体育课会利用教学中具有一定挑战性的内容培养学生面对困难无所畏惧、面对挑战迎难而上的心态。

（1）培养学生的自信心和自尊心。通过鼓励学生参加运动比赛、提高技能水平等方式，帮助学生建立自信心和自尊心，从而使学生更加积极主动地参与体育活动。

（2）培养学生积极向上的心态。通过鼓励学生不怕失败、勇于挑战、不断追求进步，培养学生建立积极向上的心态，从而使学生在体育运动中发挥自己的最佳水平。

（3）培养学生的团结互助精神。通过组织集体活动、互相协助、分享经验等方式，培养学生的团结友爱和互助精神，从而使学生之间相处更加融洽，学会互相支持和帮助。

自律需要学生用意志力对抗人性的弱点，约束自己，从而让自己愿意脱离舒适区。年龄越小的孩子自律性越差，教师要运用"刚性约束和柔软坚持"的他律原则，发挥思辨智慧，让学生逐步做到自律。

五、以行"育心"，教师家校社会联手，全面立体育人，学生课堂效果延伸，实践起悟人生

"行"指的是学生的行动，是衡量教育成果的主要外显标志，也是巩固教育效果的重要途径。学会了课本上的知识，只是学习的起点，最重要的还是要将所学运用到日常生活中，让学生"扣好"人生的"第一粒扣子"，从而实现以行"育心"的目的。

课堂不是简单的给予，而是唤醒。教师要唤醒学生的学习兴趣，唤醒他们的学习技巧和方法，唤醒他们的学习态度。在课堂上，教师首先要树立行为榜样，做到"学高为师，身正为范"。在引导学生养成良好行为习惯的同时，还要结合学科特点和教学内容，鼓励学生突破学习只拘泥于课堂的传统观念，引导他们由内向外延伸。教师可以组织学生开展一系列实践活动，将课堂实效落到实处；可以整合家、校、社三方资源，创新工作方式，形成育人合力。例如，通过社会调查、参观活动、主题班会设计、教育宣传策划、主题行动等，让学生在具体活动中自觉形成良好的行为习惯。

运用"育心"教学法的五要素将教学设计为五个环节，最重要的是充分理解"育心"教学法的五要素是立体的、重叠的、并行的，不能孤立地、分割地、单一地看待它们。在课堂上，要结合学生的理解和掌握情况，及时跟进调整教学进度和节奏，将评价贯穿于整个教学环节，全面提升教学水平。

其实，"育心"教学法虽然有法可循，但更重要的是不墨守成规、根据学科特点和课堂实际情况的调整应用。但是，如果在哪一

节课上缺少某一环节的应用时，教师应该思考该环节原有的教学育人目标是否落实到位。"育心"教学法中各个环节的顺序在课堂上是没有固定模式的，以知"育心"、以情"育心"、以评"育心"、以意"育心"和以行"育心"这几方面是可以共存的，合力发挥作用，共同实现育人目标。

第五节 "育心"教学法培养学生积极心理

"育心"教学法强调学生的主体性和自主性，通过激发学生的兴趣和动手实践等方式培养学生的创造力和解决问题的能力，具有重要意义。但在实际应用中，"育心"教学法也存在一些问题和挑战，主要表现在"育心"教学法要求教师具有多元化的教学技能，需要教师具备教学方法、教学设计和教学评价等方面的专业知识，目前部分教师缺乏教育技能和知识，难以应对"育心"教学法的要求；教学资源不足，"育心"教学法要求学校提供多样化的教学资源，包括教学设备、教材、图书和网络等，以满足学生的个性化需求，但部分教师对教学资源的使用还仅仅局限在播放现成的课件层面；学生学习习惯受传统教育方式影响强调记忆和应试，学习的主要方式是被动接受，而"育心"教学法要求学生积极参与学习、自主探究，需要学生具有主动学习的习惯。现实中，许多学生学习缺乏主动性，总是等待现成的学习结果；教学评价方式不完善，表现在"育心"教学法要求教学评价方式要多样化，重视学生的思维和创新能力，而不是单纯依靠考试成绩来评价学生。

通过上述问题可以看出，"育心"教学法的使用，可以优化教师的教学方式，使教师有不断改进的目标和动力。

一、依托课题研究推进"育心"教学法实施

课题研究与课堂结合以解决实际教学问题是受到教师欢迎的，将课题研究的管理纳入学校的系统管理网络之中，做到五个到位：领导到位、组织到位、指导到位、设施到位、激励评价到位，构建四级管理网络的学生学习模式管理体系，由校长室牵头，教务处和教科室做好指导落实工作，指导老师负责实施，最终落实到学生，保证课题的真正落实与实施。

（一）语文"育心"课程有助于培养学生的积极心理

2023 年 4 月，教育部、国家卫生健康委等 17 个部门联合印发《全面加强和改进新时代学生心理健康工作专项行动计划（2023—2025 年）》，将关注学生心理健康工作摆在更加突出、更加重要的位置，并对学生心理健康工作作出全面部署。该文件明确了学生心理健康工作的基本原则，把促进身心健康作为学生全面发展的基础前提，作为一条主线贯穿于学校工作的各个方面，融入教育教学、管理服务的各个环节，家庭、学校、社会的各个环境，为学生的身心健康营造良好的条件，动员社会、家庭多方面的力量，共同回应学生的心理需求。

一切教育的出发点和落脚点在于促进学生健康而全面的身心发展。课堂是学校育人的主阵地，而在所有学科中，语文课程发挥着独特的育人功能，具备工具性与人文性相统一的特点。语文教学中语言文字运用的综合性、知识内容的丰富性、情感交流的互动性、审美情趣的高雅性，这些学科特点使它承载了更多培育学生优秀心理品质的任务。每篇课文都蕴藏着积极向上、克服困难、热爱生活等不同的育人目标，这些都有助于在语文学科中挖掘与融合积极心理学要素，由此打开学生的心灵之门，打通师生之间、亲子之间、家校之间的三面屏障，让安全的心理状态、正确的学习动机、渐进

的学科自信成为语文学科学习的心理资源支持。语文又是小学阶段课时最多的学科，担任此学科教师的多数是本班班主任老师，有更多的时间和机会与学生交往，更容易深入学生之中，从走"近"学生到走"进"学生，通过语文课程上的一系列的育人活动，能够更好地促进学生的思想道德素质、科学文化素质和身心健康素质协调发展，再通过教师教学、学生学法及家长助力研究形成教育合力，尝试为全面提升学生的核心素养和全人成长探索出一条全新的发展路径。

1. 核心素养发展要求

中国教育部发布的《中国学生发展核心素养》指出，核心素养以培养"全面发展的人"为核心，分为文化基础、自主发展、社会参与三个方面。综合表现为学会学习、健康生活、责任担当等六大素养，具体细化为国家认同等十八个基本要点。其中"乐学善学、珍爱生命、健全人格、自我管理"等都跟心理健康教育密切相关。学校作为教育的主体，应当以生为本，承担起塑造学生世界观、人生观、价值观和培养学生积极心理品质的使命。小学生的积极心理品质是指小学生个体在成长过程中、在与环境相互作用的条件下形成的较为持久的情绪和情感体验，以及对未来的乐观积极态度。以中国学生发展核心素养为培养目标，提炼出当前背景下学生应具备的积极心理品质为乐思善学，好奇求知，拥有学习内驱力；认识自我，宽和待人，形成团队协作力；真诚勇敢，善于沟通，具有抗挫抗压力；自信自爱，坚韧乐观，具备稳定的情绪力。

2. 落实课程标准要求

《义务教育语文课程标准（2022年版）》指出："语文课程致力于全体学生核心素养的形成与发展，为学生学好其他课程打下基础；为学生形成正确的世界观、人生观、价值观，形成良好个性和健全人格打下基础；为培养学生求真创新的精神、实践能力和合作交流能力，促进德智体美劳全面发展及学生的终身发展打下基础。"可见，语文课程不仅承担着对学科知识、思维品质以及情感、态度、价值观的全面培养，还是学好其他课程的基础，在学生的综合发展中有着重要的作用。"语文课程是一门学习国家通用语言文字运用的综合性、实践性课程。工具性与人文性的统一，是语文课程的基本特点。"将小学语文教学作为"育心"教学法的着力点，在研究过程中积累研究成果、实践案例、应用途径等宝贵经验，后续可以由语文学科辐射带动其他学科，让积极心理学指导更多学科的教学，通过学校所在的集团内、学区以及更大区域范围，有计划、有步骤、有创造性地进行整合研究，可以惠及更多的少年儿童。

3. 学生成长现实需要

中国精神卫生 2022 年调查显示，目前我国患抑郁症的人数达 9500 万，每年大约有 28 万人自杀，其中 40％患有抑郁症。《国民抑郁症蓝皮书（2022－2023）》指出，18 岁以下的抑郁症患者占总人数的 30％，50％的抑郁症患者为在校学生。青少年抑郁症患病率已达 15％～20％，接近于成人。抑郁症发病群体呈年轻化趋势，学生的心理健康问题日趋严重，因此，社会、学校、家庭亟须重视青少年心理健康。学校作为教育的主体，应与家庭形成合力，重视学生的心理健康发展，通过多种途径与方法，有目的、有计划地培育学生良好的心理素质，帮助学生形成积极心理品质，助力学生健康发展、高效学习。

4. 学校原有特色优势

我校自 2004 年起开展心理健康教育活动，开设"心灵 SPA"课程，并获评青岛市首批精品课程。2017 年，我校获评全国中小学心理健康教育特色学校，标志着心理健康教育研究已经成为我校的教育品牌之一。近 20 年来，在这条艰辛而执着的追寻之路上，我校锻造了一支高素质的心理健康教育师资队伍，构建了完善的心理健康教育保障体系，也获得多项市区级教学成果。

（二）积极心理在语文学科中的培养路径

自积极心理学发展以来，学校开设的积极心理学课程受到学生的欢迎和喜爱。它不仅能形成人格优势，改善人际关系，增加积极情绪，减少负面情绪，还能达到特定的效果：学生提高了学习成绩，培养了社交能力（同情、合作、自信、自我控制），减少了问题行为。该课程将为学生一生的幸福生活奠定扎实的基础。

1. 运用积极心理学提高语文教师教学吸引力

通过对语文教学的积极路径的探索，我们开展了基于积极心理学的学习培训，对教师进行全员性培训、专题式培训和个性化培训，同时组织基于积极心理学的语文教研，开展大单元集备、跨学科教研和精品课展示，改变教师传统的教育理念，帮助教师建立积极乐观的教学观，重视学生在语文学习过程中的情感体验和积极学习状态的培养，重视学生的学习参与度、自主性，提高教师的教学吸引力，从根本上改变了原有的课堂教学模式，形成了充满生命活力、积极向上的课堂生态。教师不仅仅要致力于提升学生的语文学业能力，还要专注于发展学生的美德品格与获取幸福的能力。

2. 运用积极心理学激发学生语文学习内驱力

学校积极探索支撑学生语文学习的各类资源，借助积极心理品质培养学习习惯，对学生开展专注力训练、自主性调动和意志力培养，从科学的预习、互助式学习、复习与总结三个角度开展学法指导；遵循儿童身心发展规律，基于潜能激发的视角，实现可持续发展的育人目标；基于尊重悦纳的视角，实现人文化管理的育人风格；基于儿童发现的视角，营造正能量的育人环境，最终激发出学生学习语文的内驱力。

3. 运用积极心理学提高家长家庭教育亲和力

家庭教育是孩子成长过程中非常重要的一环，指导家长在家庭教育中运用积极心理学，与学生进行亲密的亲子互动，给予正向的积极影响，培养学生的积极心理品质，有效提升学生的学习能力和成就感，从而让学生在语文学习中变得更加自信、勇敢。"语文课程是一门学习国家通用语言文字运用的综合性、实践性课程。"语文学习的课堂不仅仅在学校，更在校外，在每一个使用语言文字的环境中。本课题通过提供支持家长语文教育的积极要素，依托积极教育方式开展亲子阅读，以身教胜言传、终身式学习、共读共生活来促进亲子关系，通过专题式培训、开放式办学、多样性活动打造父母课堂，提高家长在家庭教育、亲子互动等方面的能力，构建融洽和谐的家庭关系，实现语文核心素养的提升。

以语文"育心"课程培养学生的积极心理，是以学校研究近20年的心理健康研究为基础进行的。该研究的出发点与落脚点是在小学语文学科教学中渗透积极心理学，运用学校已成体系、内容完备的积极心理学指导语文教学，让学生形成以"涵养品性，开发潜能，助长生命"为核心要义的小学生积极心理品质，同时辐射带动其他学科的发展。

在学校中加强科研队伍建设，提高课题研究能力和质量，通过营造学术氛围、更新教育观念、邀请专家对话、聆听学者声音的方式。力求有所突破与创新。在此过程中注重三个层次的研究，即反思—专题—课题，最终落脚在教师的课堂上，真正实现学以致用。学校建好科研交流平台，实现"学中做""做中学"；召开"育心"教学法综合研究会，进一步营造研究型校园文化氛围，继续建立和完善"科研促课改"教师科研成长档案，引导教师创建自己的教学品牌，搭建教师专业化成长平台。在此过程中深化评价课题研究，构建研究型课堂教学模式，力求在"育心"教学法的统领下，催生各个学科的教学成果。

校园文化建设是全面实施素质教育的有效载体，大力加强和建设校园文化是学校管理的一个重要内容。高品位的校园文化，有利于培养造就大批有较高文化素质和人文精神的人才。因此，通过组织开展全校性的学习与研讨，不断提高全校教师对加强校园文化建设，特别是对研究型校园文化建设的重要性、必要性的认识，把思想自觉统一到研究型校园文化建设的行动上来。

二、教师专业发展平台促进"育心"教学法的实施

为了改变教师被动参与研究、被动接受培训的状态，激发教师参与教学研究的主动性，学校尝试将教师推向前台，担任活动的主角，在研究中实现自我价值，找寻职业幸福感。

1. 循环说——教师讲坛我做主

学校把教师讲坛作为探析课程内容、提升专业素质的载体，建立"育心"教学法教师培训手册。每两周一次的教师讲坛已形成常规，全体教师都是讲坛的主角，采用循环说的方式交流分享自己的课程教学反思、研究尝试、课堂亮点、读书感悟……通过分享交流，真正实现智慧共享。

2. 读经典——感悟大师的教育智慧

读书是教师解决问题的"金钥匙"，也是教师自我提升、自我完善的最好方式。当我们为教育难题辗转反侧、不得其解时，书中的智慧就像一根根魔术棒，让困惑中的我们顿悟。

为了让教师与经典为伴，感悟大师的教育智慧，学校搭建了五个平台、通过五条途径开展读书活动。一是发挥学校推荐社的推荐引领作用，依托《教育文摘》等优秀期刊，每月向教师循环推荐优

秀文章，教师在认真阅读的基础上，撰写阅读随笔和感悟；二是全体教师在品读《在教育家的智慧里呼吸》《老师的力量》等书籍的基础上，进行"走进大家，感悟教育智慧"分享会，深度感悟经典中的教育智慧，促进自身的成长；三是充分利用学校向教师赠阅的《幸福的方法》《教育中的心理效应》《在教学中开发多元智能》《我的第一本思维导图操作书》等书籍，在前期学习的基础上，进行"优秀教育故事分享会""'育心'教学法策略分享会"等分享交流活动，在思维碰撞中引发教师的深度思考；四是为每位教师订阅《读者》等杂志，开阔教师的视野，从生活的角度打开"跳出教育看教育"的窗户；五是学校定时开展阅读活动，结合一周健康生活表所倡导的"周一快乐阅读日"，将每周一中午定为师生共同读书的时间，周三下午为教师阅读时间，引领教师在深度阅读的基础上达到学用合一的目的。

3. 多实践——课例示范先行导向

在最初尝试开展"育心"教学法的过程中，很多教师往往不知该如何进行。其实，在"育心"教学法的使用中，教师应保留自己原有的教学特色和擅长之处。在进行课例研讨时，应该考虑这节课的哪些方面考虑得更周到、落实得更有效，哪些方面相对薄弱，在后面的教学中如何补足。例如，在研讨《三月桃花水》这篇课文的教学安排时，我们从以境育心，走进桃花水开始。教师先出示阳春三月、桃花绚烂、河流苏醒的图片，用富有感染力的声音开启本课的学习：阳春三月，万物复苏，大地一片生机勃勃，请大家闭上眼睛深呼吸，让自己置身于这美丽的景色中。这时候，配上舒缓而又优美的音乐，给学生充分的时间来感受；接下来，让学生说说自己从图中看到的景色以及心中的感受。如此创设情境，能够让学生置身于春景之中，给学生心灵上的享受与身体上的放松，帮助其更好地进入学习状态。情境导入既可以激发学生的学习兴趣、引出学习主题，又可以引导、鼓励学生质疑问难。

教学的第二个环节是以知育心，感知桃花水。教师可以安排学生带着问题自由读课文，出示自读提示，学习运用抓关键语句的方法，从文本中找到桃花水是什么。在这一过程中，学生心中的疑问会化作学习的渴望和动力，教师可以在这里补充和点拨课文以外的内容：三月正是桃花盛开的季节，此时正值河水解冻，人们把泛滥的河水称为"桃花水"或"桃花汛"。旧时，在西北地区，人们将谷雨时节的河水称为"桃花水"，传说用它洗浴可消灾避祸。由此可见，桃花水是生机的象征，很多地方的人们每年都会怀着欣喜盼望着它。此时，通过运用抓关键语句的方法理解桃花水的含义，拓展文本内容，通过知识的补充和引领拓宽学生的知识面，使学生受到美的熏陶。

教学的第三个环节是以意"育心"，品悟桃花水。通过教师的引导，感知到春天河流的声音、河流倒映的春景，体会作者对桃花水的赞美和喜爱之情。让学生思考透过桃花水看到了什么，此时学生可以展开想象，可能会看到燕子飞过天空，翅膀上裹着白云；垂柳披上长发，如雾如烟；一群姑娘来到河边，水底浮起一朵朵红莲，调皮的孩童在春日里徜徉，身后是连绵起伏的青山及炊烟袅袅的村庄。教师指导学生梳理课文结构，进而想象画面，抓住关键语句，理解文章含义，体会作者对三月桃花水的喜爱和赞美。通过想象引导学生进一步感受三月桃花水的优美风韵，让良好的审美情趣在潜移默化中根植学生心中。

此时此刻，学生一定也和作者一样，听懂了桃花水跳动的音符，感受到了桃花水优美的风韵。此处可以引导学生融入自己的情感，走进桃花水中，通过朗读把这美妙的声音和图画展现出来。以读融情，以情育心，诵读桃花水，再次体会语言的优美和作者的情感。当我们第一次读这篇文章时，它只是几行文字；第二次再读时，我们便听到了声音，眼前出现了清亮的桃花水；第三次再读时，仿佛这些桃花水都有了生命，哺育了庄稼，装点了大地。此时，教师需要点拨朗读要点，帮助学生通过朗读表达自己的情感。例如，开头两个问句，句式整齐，用比喻手法引发我们对"声音""光芒"的好奇，朗读时要注意语气轻快，问句最后几个字语调要微微上扬；第二自然段，漂着桃花的水一路向前，带来了春天，带来了希望。春天的水是轻快的，是活泼的，朗读的时候语调要轻柔一些；第四、六自然段，句式整齐，用排比的手法展现出春天万物复苏的景象，朗读时，两处排比句中的三个短句的语调要有所起伏，像流水轻轻流动一般；最后一段句式整齐，读的时候要有节奏感。

就这样，在品悟桃花水的基础上，引领学生通过朗读进一步感受桃花水的美，在朗读中更好地体会情感、升华情感；在朗读中陶冶情操，提高审美能力。正是阳春三月，学完此文，学生会怎样感受春天呢？每个学生都有自己的答案：周末尽快安排踏青观春景，拍几组草木勃发的照片，搜集阅读刘湛秋的散文诗集等。在这一环节中，学生有充分的自主权，学习积极性自然增加，也就能够激发其内在潜能。推荐阅读进一步拓展学生的视野，让他们将课内学到的方法应用于课外，怀着美好的向往，去表达对春天的喜爱、对自然的崇敬。

4. 重反思——每节课后及时总结

例如，学习《小数的初步认识》这一内容时，教师在课前安排学生测量家里的家具或日用品，通过让学生比一比再看一看的形式，引出生活中的小数。读小数的时候可以借助学生熟悉的手机号：小数点前面的数按照读整数的方法来读，小数点后面的数像读手机号一样读出来。让学生用自己已有的经验和知识直接解决新问题，引导其突破认知瓶颈，自主组合旧知获取新知。接下来，教师结合"育心"教学法，帮助学生更好地理解知识点，引导学生借助米尺、元建构 0.1 米和 1 米的关系，将分数作为桥梁，引导学生由整数学习顺利过渡到小数学习。将抽象的小数具象化，是简化知识、实现以知育心的过程。通过小组合作，引导学生在自主、合作探究中感受学习乐趣，体验分享的喜悦，实现以情"育心"；小组代表发言、其他同学评价补充，这又是一个思辨的过程，学生在课堂上进行思维的碰撞，加深对知识的理解，实现以意"育心"；最后的小练习是对学生学习效果的延伸与检验，实现以行"育心"；整个过程包含自评、生评、师评等多元评价方式，实现以评"育心"。

数学来源于生活，又应用于生活，从学生的生活经验和已有生活背景出发，让学生体会解决实际问题的过程；利用学生已有的知识，让学生感受小数在实际生活中的运用，体会到数学就在身边。整个教学过程体现出知是情的基础，情又影响知的提高；知是行的先导，行是知的目的，行是知、情、意的外部表现，知情意行是一个逐步上升、逐步整合的过程。

再如部编版小学语文一年级下册第四单元中的《端午粽》这篇课文，它是一篇散文，围绕端午粽，作者写出了记忆中外婆的粽子，"我"难以忘怀端午粽的色、香、味俱全，一幕幕暖心画面浮现在眼前。小小的粽子，包裹起来的不仅仅是各种食材，更饱含着外婆那深深的牵挂和浓浓的爱意。通过介绍传统节日，让学生了解并热爱中华民族悠久的传统文化。一年级下学期的学生，已经初步具备了基本的学习能力，但仍然需要老师的点拨引导。这个阶段的学生好奇心强，特别活泼好动，但是学习兴趣却很难持久，所以"育心"教学法在低年级的应用是非常有效的。课程开始时，教师可以大量运用图片激趣，通过随文识字达成基础性目标。同时，在趣味活动中再现生字、巩固生字，提高识字教学的质量，并及时进行评价，在认知的基础上激发和引导学生形成积极的心理感应和情感反馈。接下来，教师可以配乐讲述屈原的故事，让学生了解屈原，对传统节日产生兴趣，引导学生进一步了解、热爱中华传统文化，把课本知识延伸到课外，拓宽语文教学的空间，同时渗透端午节的文化传统，激发学生热爱中华传统文化的情感。

在小学英语教学中尝试运用"育心"教学法。教师在积极心理学的指导下，了解学生现状，分析影响教学效果的多种因素，设置利于学生发展的教学目标，创设生动具体的情境，激发学生积极的情感体验，从而有效提升教学水平。以 *Tim's birthday* 这个小故事为例，让学生在"为 Tim 准备生日礼物"的情境下，借助语言框架，用几句话介绍物品的特征和价格，并切身感受来自朋友的关爱，进一步明白礼物不分贵贱，友情是无价的。上课之初，师生可以自由交流，营造宽松的学习氛围，舒缓学生的紧张情绪，调动学生的学习热情。同时，系统复习已学过的 Unit 1、Unit 2 的核心知识，基本了解本课时的新单词和句型，突破认知瓶颈。课堂上，教师应非常重视观察学生能否参与互动和交流，主动分享个人已有的知识和经验，并根据需要调整提问方式，及时进行追问、给予鼓励。教师要非常细致地观察学生完成匹配活动的情况，在课堂上适时有效地根据学生的表现给予指导和反馈。师生平等融洽的交流、生动的课堂情境、和谐的课堂氛围，都能激发出学生积极的情感体验，从而帮助学生理解文本内容。教师通过创设贴近生活的情境及利用丰富的图片，引导学生对核心单词及句型进行多方面的操练和理解。在此过程中，学生可以充分感受学习的快乐，也体验到了分享的喜悦。充分铺垫之后，教师带领学生进入 Tim 的朋友们为 Tim 准备生日礼物的情境，学生通过观察图片，发现 Tim 生日当天 Amy 没带礼物，这让大家非常疑惑，这到底是怎么回事呢？教师在这时引导学生对图片进行猜测和交流，此时每个人都把自己当成了故事中的人物，结合自己的生活实际去猜测各种可能性，而教师此时的任务就是通过学生的发言，引导其思考并逐渐认识到礼物不能用贵贱来区分，友情才是真正的无价之宝。本课教师设计的活动非常有新意——春天到了，学校准备通过义卖来购买小树苗，用来美化我们的校园，这个情境可以对所学知识进行实际应用，一方面激发了学生学习的积极性，另一方面对所学新句型也是一种巩固。课堂教学只是学习的一部分，更重要的是引导学生联系生活实际，运用所学知识，来解决现实生活中的问题，在此过程中，对知识进行强化练习的目标顺利达成，义卖奉献爱心、关注环保生态、珍惜同学友情等多种教育目标的实现，都在潜移默化中悄悄地塑造学生的人格。

三、改进校园生态，保障"育心"教学法的实施

"育心"教学法的实施让教育回归其本质：一切为了学生的健康成长。学校要努力营建"心心相印"的和谐成长环境，发现、唤醒、助长学生的天性与潜能。用科学的目标定位、精致的学校管理、尽心的教育教学和多样的学生活动不断提升学校的整体办学品质，树立"人本关爱"的教育思想；秉承"涵养品性、开发潜能、助长生命"的办学理念，突出"育心"文化特色，遵循学生的身心发展规律，提供安全、舒展、自由的心理环境；顺应学生的天性，为学生各方面成长提供教育资源支持。让学生在参与中变化、在活动中体验，获得弥足珍贵的快乐记忆，获得走向社会、了解世界的

机会和能力，为未来的人生做好准备。

1. 人的发展

学校的一切都是为了人的发展，这个理念激励着全体师生在不断的自我发展中"做最好的自己"。

（1）学生发展。在陶行知先生的生活教育理论与加德纳的多元智能理论的指导下，教育要回归生活、回归人本。学校要努力构建学校、家庭、社会与自然环境和谐一体的教育体系，关注学生心灵的成长、品性的养成和潜能的开发，通过情智共生的情智课堂、多元开放的德育课程及审美高雅的育人环境等各渠道，把培养学生终身成长的关键素养落实在教育的全过程，让学生拥有美好的金色童年。

（2）教师发展。通过实施规范系统的管理体制、搭建包容支持的成长平台、营造风清气正的校园风气，为"育心"型教师的发展提供可持续的支持；以阅读和反思为基本途径，培养师德高尚、专业素养深厚的教师队伍。

2. 课程构建

学校的课程构建以学生的核心素养为根本指向，凸显课程的融合性，加强各学科间的联系。通过课程结构的变化，从根本上引发课堂教学的变革。学校要确保课程开发的科学性、课程目标的明确性、课程实施的规范性及课程评价的多元性，以新课程建设促进学生核心素养的形成与发展。

3. 教学改革

学校成立以教研组、集备组为基础的学科教研共同体，以"项目研讨"为途径，研究与探索高效课堂的教学结构和方法，关注课堂教学的常规落实，规范课堂教学行为，通过备教一致、实施绿色全科作业、多元开放评价等举措，真正落实"把课堂还给学生"的生本系列研讨活动，让教与学不仅是知识传授的过程，也是情感交融、潜能开发、能力提升的过程。

4. 特色发展

学校的发展需要文化的积淀与滋养，"育心"文化就是学校实现可持续发展的沃土。学校秉承"涵养品性、开发潜能、助长生命"的办学理念，把积极心理教育应用到教育的全过程，使"育心"文化体系不断走向成熟；办"心心相印"的教育，在心灵的契合中，互相感染、互相影响、互相欣赏，使师生共同成长。

四、家校合力，让"育心"教学法走向家庭

"育心"教学法强调学生的主体性和自主性，培养学生的创造力和解决问题的能力，深受学生的欢迎。在课堂上，使用"育心"教学法，一改传统教学方法中学生被动接受知识的现状，更加注重学生的参与和互动，让学生积极思考和探究。在"育心"教学法的课堂中，学生更加积极地参与讨论，使其思维和创造力得到了充分发挥。"育心"教学法通过启发性问题、讨论、实践等方式激发学生的思维和想象力，可以更好地满足学生的个性化需求。在"育心"教学法的课堂中，学生更容易理解和掌握知识，学习效果明显提高。"育心"教学法注重学生的兴趣和实践能力，让学生在实践中记忆和应用知识。"育心"教学法使学习内容更有趣味性和实用性，同时也让学生感受到挑战和压力，特别是对那些习惯了被动接受知识的学生来说，可能需要一些时间来适应"育心"教学法的教学方式。此外，由于"育心"教学法注重学生的个性化需求，对于一些学习能力较弱的学生来说，可能需要更多的支持和指导，以保证他们能够适应和掌握学习内容。

家庭是孩子最早的学习场所，家长是孩子最亲近、最重要的人。因此可以通过多种家校合作途径，将"育心"教学法的理念用

于家庭教育。

1. 家访活动

家访是家校共建"育心"教育的一种常见方式，教师通过与家长的沟通，了解孩子的家庭环境、生活习惯、性格特点等，从而帮助孩子更好地适应学校生活和学习。

2. 家校互动平台建设

建立家校互动平台，使家长可以随时了解孩子在学校的学习情况、心理变化等，也可以随时向教师反映孩子的问题，从而实现及时沟通。

3. 家长培训活动

教师组织家长培训活动，向家长介绍"育心"教育的理念和方法，帮助家长了解孩子的成长需求，同时也可以帮助家长更深入地了解学校的相关要求，从而更好地参与家校共建。

4. 家校合作项目

学校组织家校合作项目，如亲子活动、家庭阅读、互动游戏等，让家长和孩子在轻松愉悦的氛围中互动交流，增进家校互信和孩子的情感体验。

5. 家校共建管理

学校设立家校共建管理机构，成立家委会、教育咨询委员会等，让家长和学校的管理者共同管理学校，共同促进学校的发展。

家校共建"育心"教育是促进孩子全面成长的重要途径。学校积极组织家校共建"育心"教育的相关活动，让家长和学校真正地实现合作，为孩子的成长提供更好的支持和保障。同时，家长也应积极参与家校共建"育心"教育的活动，关注孩子的成长，与教师共同促进孩子的全面发展。

第四章 基于"育心"教学法的小学语文阅读课程

读书可以保持思想活力，启发智慧，滋养浩然正气。义务教育语文课程标准指出，阅读是学生的个性化行为，应引导学生钻研文本，在主动积极的思维和情感活动中加深理解和体验，有所感悟和思考，受到情感熏陶，获得思想启迪，享受审美乐趣。"育心"阅读课程是一门贯穿全体师生生活学习、培育阳光心灵的课程。

第一节 "育心"阅读课程的定位及原则

在教育资源空前丰富的今天，各种信息早已跨越时空与地域的局限。但钱学森的教育之问直指教育中存在的问题。从行为习惯的养成到个性品质的发展，再到创新能力的培养，在教育的这条道路上，学校如何在班级制的现状下拒绝千篇一律的培养模式？如何在接受差异的情况下追求公平高效的教育质量？这些问题都有同一个解决方案——带学生走进阅读。

阅读的意义何在？"阅读是人们'获取信息、认识世界、发展思维、获得审美体验的重要途径'"。在高考试卷中，"得阅读者得天下"。在中国词人的笔下有"腹有诗书气自华"的诗句，在阿根廷诗人的眼中"天堂是图书馆的模样"。建立终身阅读的习惯可以让学生在精神世界里获得直达心灵的深层次快乐。

何为唤醒？100多年前仁人志士们发出振聋发聩的呐喊，唤醒了沉睡的国人。如今的教育也是一种唤醒，通过阅读启蒙让学生从电子产品和泛娱乐化的环境中抽离出来，在喧嚣中也能够守住自己的一片宁静。

一、"育心"阅读课程的精准定位

阅读应放下功利的目标，作为教育者，在知识与信息快速传播的今天，必须在启蒙阶段看到阅读的本质，从而精准地确定行动目标。

读书是最好的教育。书籍记载着人类漫长的历史，使文明代代相传，绵延至今。精美绝伦的经典诗篇，神奇有趣的童话传说，奥妙无穷的科学知识，都能让学生在书中跟随作者，或游览中外名胜，或经历沧桑坎坷，或体会成功喜悦。一本本好书，就像一位位良师益友，让学生获得心灵的启迪。

1. 阅读≠精读：精细化阅读 VS 大语文阅读

原有语文课堂中将课文揉烂捏碎后再让学生细嚼慢咽的精细化阅读方式已不能满足"阅读"的全部要求。每种形式的文学作品都是有血有肉的整体，"解剖式"阅读教学法带来的最大弊端是让学生只见细节不见结构，只学理论知识却难以触及内心感受。所以，必须通过数量广泛、内容多元、注重语用、关注整体的大语文阅读方式才能满足"阅读"的需要。

2. 阅读≠语文：纯语文阅读 VS 全学科阅读

大阅读观，始于语文，但不止于语文。为了打造"阅读即教学""阅读即生活"的校园氛围，学校以"培养学生六大积极心理品质"为主线，开启全学科的多维阅读计划：书法课借助《说文解字》带领学生了解汉字的发展；数学课用提高阅读力解决审题问题；英语课的绘本阅读可以让学生接触最地道的英语……阅读不是一门孤立的学科教育，而是要让它融入学生的日常生活。

3. 阅读≠信息：碎片化阅读 VS 整本书阅读

在信息传递如此便捷的今天，缺乏自制力与甄别能力的学生会被动地接受大量碎片化甚至无效无用的信息。学校必须引导学生放下"零食"，接受整本书阅读的"正餐营养"，让学生在整体阅读中学习知识，形成理论体系，敢于知人论事，形成批判性与创新性思维，将阅读范围由语文学习拓展至所有学科。

二、"育心"阅读课程的实施原则

"育心"阅读课程的实施，教师起着关键性作用。后现代课程理论认为，教师即课程的研究者、课程的计划者，在课程实施中，教师是反省的实践者。教师的影响主要体现在：教师的参与、教师的态度、教师所具备的能力、教师与其他参与者之间的交流与合作等方面。在"育心"阅读课程的实施过程中，主要应遵循以下原则。

1. 课内读与课外读相结合

课堂教学时间是有限的，因此课外拓展是必要的。"实践出真知"，学生的良好道德品质来源于实践，也应用于实践。课外拓展更容易贴近学生的生活和学习实际，有着广阔的实践空间。得法于课内，受益于课外，打通课堂内外的阅读学习路径，以课外助力课内，以课内渗透课外。

2. 知识性与趣味性相结合

兴趣是最好的老师，兴趣调动起来了，主动性就提高了，往往能取得事半功倍的效果。阅读内容应做到文学与自然科学共重，激发学生兴趣，培养学生的思维能力。

3. 工具性与人文性相结合

工具性和人文性不是对立时，而是相辅相成的。工具性是人文性的基础，是人文性的载体；人文性是工具性的灵魂。阅读本身既是文化，又是文化载体。工具性和人文性的统一，是科学主义和人文主义的统一。在获取书本知识与能力技巧的同时，也要注意增强学生的人文体验。

4. 语言积累和阅读思维并重

语言积累需要大量阅读，阅读的能力、阅读的兴趣和良好的阅读习惯，更容易引发学生思考和共情。通过积累美妙的词句和段落，使学生主动与阅读文本发生思维碰撞，提升其语言的理解和应用能力。

5. 文化素养与审美情趣并重

在阅读中培养学生与阅读有关的能力，使学生了解民族文化，在此过程中培养学生自主学习的能力，提高其审美情趣。

三、"育心"阅读课程的目标设定

1. 总目标

通过对全学科阅读的推进，帮助学生掌握必要的阅读方法与策略，培养他们的阅读习惯与兴趣。"育心"阅读课程不但要着眼于有效提升学生的语文核心素养，更要帮助他们在经典书籍的滋养中"厚积"，在人生成长的漫长未来中"薄发"，让爱阅读、善思考成为学生一生的良好习惯。

2. 分目标

借由阅读这一方式，激发学生对各个学科的探索欲和求知欲，纵深性学习各个学科，充分提升学生的认知能力，帮助他们在全学科领域实现深度学习。

数学阅读。培养学生数学阅读的观念与习惯，提高他们的数学语言水平、数学交流能力及独立获取知识的能力。通过数学阅读，可以达到分析问题、解决问题和创新的目的。通过阅读不同的数学信息类型，如概念、定理、公式、例题、图形和图像等，逐步掌握一定的数学阅读方法。老师还可以鼓励学生写出他们的思考过程和解决问题的方法，这有助于提高学生的数学阅读理解能力和解题技能。

英语阅读。可以让学生阅读英语故事或简短的文章，并进行相关讨论和阅读理解练习。同时，通过课外阅读推广活动来激发学生的英语阅读兴趣，有效拓展英语课外阅读，使其课内外阅读能够形成有机结合。

科学阅读。科学类阅读往往是学生最感兴趣的内容。神奇的大自然、妙不可言的宇宙奥秘、日新月异的科技进步等，都是学生的兴趣点所在。教师可以确定一个主题，引导学生做阅读后的整理与分析，如电话从发明之初到现在，在功能、外观等方面都有巨大变化，以此为切入点来感受科技的进步与发展。

体育艺术阅读。体育、艺术相关课程应立足学科内容，紧扣培养目标，选择好阅读材料。在音乐课程方面，可以让学生阅读关于音乐家、作曲家或音乐历史方面的书籍和文章，以提升他们的音乐知识和文化素养。根据学生的需要，充分促进其特长的发展，提高他们的独立思考能力和动手操作能力，学会自主创新，学会欣赏美、创造美。在体育课程方面，可以让学生阅读关于运动员、健康和营养方面的文章，以增强他们的健康意识和运动知识。

阅读的终极目标在于培养学生。学生本质上是能动的、全面的人，是阅读中决定性、创造性的力量，是最活跃的课堂要素。在阅读中，学生对各科知识与人文思想的有益汲取，可以实现他们在审美、意趣、思辨等方面的成长，帮助学生见识更广阔的世界，形成更宽广的胸怀，养成更积极的心态。

第二节　"育心"阅读课程的实施路径

阅读是获取知识、增长智慧的重要方式，中华民族延续千年的读书传统，铸就了其深厚的文化根基。从小学抓起，培养学生良好的阅读习惯，是教师们义不容辞的责任。阅读与成长一样，欲速则不达。在教育的过程中，科学的安排才是实现目标的重要保障。

一、学校整体规划，确定阅读主线

将阅读纳入学校整体发展规划和年度工作计划，形成以"培养学生六大积极心理品质"为主线、以全学科多维阅读为路径的实践思路。每年，学校都会根据各年级学生认知发展的特点，从不同层面开展"缤纷悦读，趣动校园""书里书外，遇见未来"等主题阅读课程，每学期10个课时，每学年完成20课时的课程内容。通过细致、有效的阅读指导，引导每一位学生开启"无一日不读书"的阅读生活。

二、定期组织教研，细化课程方案

组织全学科教研组长会议，交流各学科阅读推进实施办法及下一步推进计划；同时，学校通过理念引领和实践指导，给出具有科学性和可操作性的建议。任课教师针对总体规划、学期主题、具体要求等，开展阅读指导过程。

三、教师明确步骤，指导阅读过程

阅读有道，训练有法。在阅读活动的指导过程中，不仅要实现"基于理解"的阅读习惯培养，还要达成"基于自律"的自主能力发展。

1. 第一步：罗列阅读清单

首先，每个学生都要有罗列"阅读清单"的习惯。阅读清单由各学科组长带领本学科组老师共同确定。书目的选定基于"小学生六大积极心理品质"培养目标，与各学段教材的主题与内容息息相关。同时，学校还按照年龄段，分别从"粉色童年""绿色环保""金色经典""红色革命""蓝色科普"五个方面确定了学校必读书单。其次，学生需要学会整合各种教育资源中的推荐书目，选择与自己阅读兴趣和水平相当的书目，在家长的指导下确定阅读清单。

2. 第二步：安排阅读时间

科学规划阅读时间是一门大学问。教师向学生介绍各类阅读时间的规划方法。例如，以"天"为单位，将阅读时间固定在某个时段，坚持每天阅读；再如，可以制订作息时间表，明确可以进行阅读的时间，在完成后打对勾记录。

3. 第三步：学习阅读方法

一般以阅读时是否出声音为标准，将阅读分为朗读、默读和视读三类，朗读多在学生进行背诵或展示时使用；而默读则是没有发出声音，而大脑中仍然在默念文字或符号读音，这种阅读方法使用较多，因为它能较好地帮助学生进行思考，也能形成互不干扰的读书环境。我们还可以以阅读速度的快慢为标准，将阅读分为速读和慢读两大类，我们常说的"快速浏览课文"就是以整体感知为特点的速读。

在诸多阅读方法中，低年级教师侧重对绘本阅读进行指导。儿童文学作家彭懿针对如何阅读绘本总结了"七步读懂图画书"的方法，即分别从封面和封底开始讲故事、藏在环衬里的秘密、文字和图画怎样讲故事、是什么力量推动翻页、反复多看几遍、一起讨论这几个步骤。针对中高年级学生存在的阅读速度慢的问题，教师可以重点介绍快速阅读策略。首先是阅读时扩大视线，其次是避免纠结于不懂的词句。另外，在阅读中要尽量做到默读，并且要根据内容灵活调控阅读速度。此外，还可以向学生介绍限时限量速读法等实用的阅读方法，以期在经过长期训练后，学生能熟练掌握快速阅读的方法。

4. 第四步：记录阅读收获

基于理解的阅读的要义在于通过阅读促成思维的生发，并通过一些具体的工具和方法让模糊的灵感落地，成为清晰明确的表达。

（1）厚书读薄——阅读框架图。将厚书读薄的过程，就是学生对文本结构进行提炼领悟的过程。在完成整本书的阅读后，教师借用概念图、思维导图等可视化工具，鼓励学生对整本书的框架（甚至可以对每个章节的框架）以结构图表的方式进行记录，这种方法能够极大地提高学生总结提炼、梳理层次的能力，培养了他们梳理时间、方位、事件、因果等逻辑关系的能力。

（2）薄书读厚——阅读反馈单。将薄书读厚的过程，培养的是学生的反思感悟能力。在阅读过程中，随时记录好词好句，提出批判性的问题，进行阅读反思，与作者产生跨越时空的阅读交流，才是最有效的阅读方式。学校制作了阅读反馈单模板，引导学生在阅读中梳理信息、总结归纳、发表观点。

四、浓厚阅读氛围，分享阅读心得

学校利用升旗仪式、官方公众号等渠道开展"名家谈读书""校园小书虫"等名家、好书推荐活动，向学生介绍名家与读书的故事及如何选择图书、如何阅读等知识；通过多媒体设备为学生推荐《我的一本课外书》《开讲啦》《跟着书本去旅行》等阅读类节目，让学生从中感受读书的乐趣，获得阅读的方法。"六一"儿童节时学校开展了"经典诵读扬古韵，书香萦绕伴童年"经典诵读活动，中华文化源远流长，经典诗文博大精深。诵读经典诗文，能丰富人的内涵，开阔人的胸襟，提升人的境界，启迪人的智慧。优美的经典诗文，精彩的诵读表演，唱响了传承中华民族传统文化的和谐乐章，悠扬的古韵让所有人都感受到了经典文化的无穷魅力。

小学生正处于记忆力发展的黄金时期，多读经典作品会对其一生产生深远而有益的影响。学生在丰富的阅读活动中，理解了诗文丰富的内涵、深远的意境和优美的韵律，可以陶冶情操，提升审美情趣，增强民族自豪感。阅读经典作品培养了学生对我国悠久历史和优秀文化的认同感，使学生更加热爱我国的语言文字，全面提高学生的综合素质。

五、构建立体空间，助推全民阅读

一个社会的阅读力代表了一个社会的学习力、思想力和创新力，学校承担着引领和助推全民阅读的重要任务。通过探索"学校、家庭、社会"三位一体阅读空间的实现形式，让阅读习惯走出校园、走进家庭、走向社会，从而形成相互链接、相互补充的空间载体。通过高校、场馆、历史遗存等丰富的场景式阅读资源项目，组织学生多角度观察、沉浸式体验、主题式探究，建构起阅读对象与学生生活之间的多通道联系，拓展阅读空间和阅读领域，实现学校阅读、家庭阅读、社会阅读三位一体的全域链接。

第三节　"育心"阅读课程的评价

马斯洛曾说："自尊和受人尊重是人生存在的一种基本需要。"任何教育效果的生成，都建立在对学生人格、荣誉和尊严充分尊重和维护的基础上。尊重学生，善待学生，使他们能从教师身上感受到爱意与期望，汲取智慧和力量，才能好学、乐学。对小学生而言，提供充裕的时间和良好的空间条件，让他们能静下心来阅读。小学生情感充沛，若能及时体验阅读带来的幸福和快乐，就可以有效增强他们阅读的动力和兴趣。

学校应对整个阅读过程的实施与落实精细设计、严格把关、适时反馈，并通过多元化的评价体系充分调动起学生参与的积极性与主动性。

一、评价内容

为避免阅读过程流于形式，也为了避免教师对学生的阅读方法和态度缺乏深入指导，应以语文任课教师为主，其他学科教师辅助，适时对学生的阅读书目内容、速度进展、心得分享等内容进行评价。

二、评价形式

1. 学生自评

通过阅读反馈卡、阅读可视图等方式，让学生对自我阅读的情况进行评价。

2. 教师评价

教师利用课堂、阅读 App、钉钉群等渠道对学生的阅读行为、投入程度、方法技巧等方面给予适时评价。通过读书微博、读书摘抄本、读书心得卡、读书成长册、小书虫排行榜等激发学生的读书热情，并在学期末利用"读书成长册"统计各班、各年级及全校学生的平均阅读量。

3. 学生互评

在此基础上，各班将利用班级内外展板和"花开校园"校园展板进行学生阅读反馈展示。一份份精彩纷呈的阅读笔记与反馈不仅记录了学生的阅读成长之路，也让每位学生在思维、文笔、性情、品格、审美等方面得到不同程度的提高。

4. 学校奖评

在全校范围内开展"寻找最会读书的孩子"读书演讲活动、"一站到底"益智攻擂竞赛等活动，这样既能通过班级海选的方式呈现一个班级中学生的整体读书情况，又能通过现场问答赛的形式营造出热烈的比赛氛围，让学生的读书热情和读书积极性不断增强。学校会评选出"班级读书小达人""小小朗读者""超级读书达人"等称号，并通过"花开校园"颁奖典礼、学校公众号等方式对获奖学生进行表彰，以此提升学生的读书兴趣，拓宽读书交流渠道。用升旗仪式、诗歌朗诵会、戏剧节等形式促进感悟交流，使学生之间更有共同语言。

"育心"阅读课程是让每个学生实现自主充分阅读的重要载体，是学校教育内涵发展的核心领域，是提升学校课程领导力和深化课程改革的必然要求，对学校发展和学生发展都具有重要意义。

开展"育心"阅读课程以来，学校厚植了学生的爱国主义情怀，培育了学生坚定的理想信念和良好的品格。结合重点节庆开展的阅读活动，让一些几乎被遗忘的民谣又被重新传唱；清明节组织学生阅读先烈的英雄事迹，追忆那战火纷飞的峥嵘岁月，让学生懂得今天的幸福生活来之不易；通过阅读经典作品，了解中国的悠久历史。"育心"阅读这门立体的、多彩的、富有吸引力的课程，承载着诸多教育目标，陶冶了师生的情操，净化了师生的心灵，启迪了师生的智慧，提升了师生的素质。让教师在教书的同时育人，使学生保持蓬勃朝气、旺盛活力和昂扬向上的精神状态，激励他们勤奋学习、大胆实践，使其适应祖国发展和时代进步的需求。

附 1：

《唤醒心灵》阅读课程

众所周知，阅读不仅可以增强我们的文化认同感，还能凝聚人心、振奋精神，激励一代又一代人坚持不懈地努力，推动国家发展。

从每天听着故事入睡长大的孩子们，到白发苍苍的耄耋老人，阅读贯穿一个人成长的全过程。从学校教育教学角度来看，阅读已经得到充分的重视。学生每天放学回家后，都会按照阅读计划完成不同形式的阅读任务。学校会定期安排读书交流活动，让学生把自己这一阶段以来的阅读内容和同学进行分享，除了复述内容之外，教师应重点强调让大家交流自己读完此书以后，对这本书的个人理解和想法。

在教育资源空前丰富的今天，资源跨越时空与地域的局限。从行为习惯的养成，到个性品质的发展，再到创新能力的培养，在教育的这条道路上，如何在班级制的现状下拒绝千篇一律的培养模式？如何在接受差异的情况下追求公平高效的教育质量？所有的问题都有一个终极解决方案——带学生走进阅读。

一、课程目标

本课程旨在培养和引导小学生形成良好的阅读个性和习惯，使他们在阅读中充分而自由地思考，通过阅读拓展知识面，初步建构学科知识架构，为全面落实学生核心素养发展提供有力的保障。

（一）总目标

通过对学生全学科阅读的推进，帮助学生掌握必要的阅读方法与策略，培养小学生良好的阅读习惯，并能持之以恒。通过阅读，有效提升学生的语文核心素养，同时帮助他们在经典书籍的丰厚养料中"厚积"，在成长的漫长道路上"薄发"，让爱阅读、善思考的洮小（洮南路小学）学子将阅读作为相伴一生的生活习惯，在阅读过程中形成阳光积极的心理状态和健全的人格。

（二）分目标

（1）让不同学段的学生在读、品、悟、思中养成良好的阅读方法和阅读习惯，并使学生保持浓厚的阅读兴趣。

（2）借由阅读这一认知渠道，激发学生对各个学科的探索欲和求知欲。通过阅读纵深性地学习英语、数学、科学、音乐、美术等其他学科，充分提升学生的认知维度与宽度，帮助学生在全学科领域实现深度学习。

（3）通过阅读对各科知识与人文思想进行学习，实现学生在审美、意趣、思辨等方面的成长，帮助学生在有限的时间里见识更广博的世界，形成更宽广的胸怀，养成更积极的心态。

二、低年级阅读指导策略之一：开启阅读之旅

1. 封面和封底开始讲故事

封面设计是产品或出版物的门面，因此它的设计必须引人注目、吸引人的注意力。对一本书来说，封面就好像是我们人的脸一样。如果想要让学生一眼就能关注到这本书，有立刻开始阅读的冲动，那么一个优秀的封面就显得非常重要。一个成功的封面设计应该能够精确地表达书籍的主题、风格和特点。无论是通过配色方案、图像、排版还是文字，封面设计都应该包括图书的基本信息，以引发读者的好奇心和期待。每本书都有类型和主题，通过不同的设计风格，学生可以迅速区分不同类型的书籍。这样的差异化设计能够帮助学生更好地选择符合自己兴趣的书籍。封面和封底上通常会印有书籍的标题、作者、出版社等基本信息，这些信息可以帮助

学生更好地了解书籍的背景。

2. 藏在环衬里的秘密

精装图画书一般都有环衬。书籍的环衬指的是书籍封面、封底以及内页的设计和装潢。一些书籍的环衬设计是由知名插画师或设计师完成的，以艺术的方式为书籍增添了美感和艺术性。书籍的环衬设计可以为学生提供一种愉悦和舒适的阅读体验，能够增加学生的阅读意愿，让他们更愿意探索书中的内容。书籍的环衬在吸引读者、区分类型、提供信息、艺术表现和增加阅读体验等方面起着重要的作用。它们不仅是书籍封面的视觉延伸，也可以作为书籍的一部分，给学生带来更加丰富的阅读体验。

3. 图画怎样讲故事

首先，图画能够帮助学生更好地理解和吸收书籍中的内容。有些主题和概念可能比较抽象，图画能够通过形象直观的呈现方式，帮助学生更好地理解和记忆。图画可以为文字提供解释或补充，增强学生对故事情节、人物形象和场景的理解。它们可以突出关键细节或情感表达，帮助学生更深入地体验故事。其次，图画能够增加书籍的吸引力，精美的插图能够吸引学生的注意力，增添书籍的趣味性和可读性，使学生更愿意阅读和探索书中的内容。此外，插画还能够为书籍增加美感和艺术价值。一些插画师具有独特的艺术风格和创造力，这些高质量的图画可以提升书籍的视觉体验，使阅读变得更加愉悦和有意义。

三、低年级阅读指导策略之二：享受阅读之旅

1. 是什么力量推动翻页

图画书是翻页的艺术，是按照书页的顺序来连续地表现整个故事的，为了吸引学生迫不及待地往后翻页，创作者在文字和图画里都做了巧妙的设计。好的图画书，边边角角都渗透着作者的精心设

计和安排，需要学生反复研读，用心体会。

2. 反复多看几遍

想真正读懂一本图画书，没有别的捷径可走，只有一个办法，就是反反复复地细读文本（包括文字和图画），有的甚至要读到十遍以上。图画书中太多的东西都被悄悄隐藏起来了，留待读者去寻找、去发现、去感受。只要多读几遍，就会发现许多之前没有发现的东西。

3. 要看版面设计

图画书从头到尾都充满了迷人而卓越的版面设计，是一门平面设计的艺术。作为没有学过平面设计的读者来说，怎么看懂它呢？那就是对着图画书的页面版式不停地发问：为什么它的画面一页比一页大？为什么突然出现了一个跨页大画面呢？为什么它的文字不排在图画里，要排在图画外呢？只要能把问题问出来，再带着问题把书看一遍，就可以知道创作者为什么要这样设计了。

四、低年级阅读指导策略之三：延续阅读之旅

1. 让手指停留一会儿

读哪个部分，就把手指放在哪个部分，并停留一会儿。手指指到哪个部分，就说说哪个部分的内容。在一页上停留一段时间后，就可以翻到下一页了。

●教师提示语：

在书上移动手指，跟我说说你看到了什么？

别那么着急，在这一页再停留一会儿。

看完了一整页，说出自己看到的内容。

翻到下一页之前，你还要做什么？

2. 一起讨论

讨论是阅读重要的环节之一，讨论可以增强阅读理解能力，促

使学生思考和理解故事情节、人物角色及主题等。通过分享和比较各自的观点和理解，学生可以更深入地理解故事内容，并从多个角度思考问题。讨论是学生锻炼语言表达能力的好机会，他们可以运用恰当的词汇和句子来表达自己的观点和感受；讨论可以帮助他们克服语言表达的困难，提高口头表达的能力；讨论可以培养学生的批判性思维，教师要鼓励他们分析书中的内容，可以提出自己的问题、疑惑和观点，并与他人交流讨论，这样的思维训练可以帮助他们发展独立思考和批判性思维的能力；讨论是一个合作的过程，学生需要倾听和尊重他人的观点，并与他人合作解决问题，学生可以学会倾听和理解不同的观点，并学会在展示自己的观点时遵循礼貌和尊重的原则。通过与同学的交流和讨论，学生可以分享彼此的阅读体验和发现，这样的分享可以激发学生对阅读的兴趣，让他们感受到阅读的乐趣，并激发他们的好奇心和探索欲望。

3. 用表演的方式讲故事

这一策略适合叙事性文本。

●教师提示语：

人物现在在做什么？用表情和动作来演一下。

现在复述一下这一页的内容。

想象一下这个部分中的人物，请像这个人物一样讲话。

五、中年级阅读指导策略之一：阅读要有深度

1. 不知道就猜

如果不知道发生了什么，可以猜一猜（发生了什么、书中人物有什么感受、人物会说什么）。进行与标题、图画和已经发生的情节相符的猜测。

●教师提示语：

看图画，说说到目前为止发生了什么，接下来可能会发生什

么？

不知道发生了什么，但是可以猜一猜。

2. 人物的变化可以揭示一些道理

阅读时，思考人物在故事开始和结尾时的性格特点，问问自己：人物有什么变化？是什么造成了那些变化？我们能从他的变化中学到什么？

●教师提示语：

刚开始读这本书时你有什么想法？

读完这本书之后你有什么想法？

这个人物是一个怎样的人？

3. 使停顿与意思相符

停顿的位置不对可能会改变整个句子的意思。如果读的方式听起来不对或者讲不通，请学生返回并试试在其他位置停顿，直到停顿符合句意。

●教师提示语：

你在这里停顿了，这听起来对吗？

你还可以在其他什么地方停顿？

看看句子中间的标点符号，它们能帮助你理解应该在哪里停顿。

六、中年级阅读指导策略之二：阅读要有速度

1. 快速扫到下一行

句子的结尾恰好在行末的情况并不多，如果在行末没有看到句末标点（句号、感叹号、问号、省略号等），就要让眼睛快速扫视下一行，让目光落在正在读的字词后面。在从行末的文字读到下一行文字的时候，尽量不要停顿，看到标点符号的时候再停顿。

●教师提示语：

换行时请不停顿地读。

你在那里看到句末标点了吗？

你一口气读完了一整句话。

2. 尝试扩大视线范围

很多阅读材料需要快速阅读，不需要过多思考，能了解文字大意就行。浏览的作用是一种快速、整体性的阅读方式，旨在快速了解文本的主要内容和结构，它对于获取基本信息、预览文章和确定是否深入阅读是非常有帮助的。通过快速阅读，可以迅速获取文本的主题、主要观点和关键词等基本信息，有助于学生对文章有一个整体的理解，以便决定是否深入阅读。浏览还可以帮助学生了解文章的结构和组织方式，通过扫览标题、副标题、段落开头和结尾，学生可以获得一定的线索，了解文章的主要论点和重点部分。通常来说，快速浏览文章可以节省时间和精力，并确定是否值得深入阅读。浏览有助于过滤掉学生不感兴趣或不相关的内容，以便更有效地选择阅读材料。它是一种高效的阅读方式，可以帮助学生更好地应对大量的阅读材料。

七、高年级阅读指导策略之一：阅读要有深度

1. 读图表的方法

图表（线形图、柱状图或饼状图等）可以将大量信息以可视化的方式呈现出来。先读一读图表的标题，确保自己了解图表是关于什么的；然后读一读说明文字，理解每个点（或扇形图）所代表的含义，说一说了解到了什么。这一策略适合非连续性文本。

●教师提示语：

你准备先看哪里？

不要跳过说明文字，它们很重要。

复述你从图表中了解到的内容。

2. 找出观点之间的联系

阅读时，指导学生记录相关观点，从中筛选出比较好的观点，把它们贴在一张白纸上。浏览这些观点，试着找出它们之间的联系（把它们放在一起进行对照和比较）。

●教师提示语：

重读这两个观点，你现在有什么新想法吗？

这些观点之间有哪些共同点和不同点？

这两个观点是关于谁的？是关于什么的？

八、高年级阅读指导策略之二：朗读和默读

朗读和默读是两种不同的阅读方式，它们之间有以下几点区别。

1. 音频表达

朗读是指将文本内容以口头的方式表达出来，通过声音传达给别人听。而默读是指静默地读取文本，将内容在心中进行阅读。

2. 阅读速度

朗读的速度通常较慢，因为需要口述文字并进行发声。而默读的速度可以更快，因为没有发声的限制。

3. 阅读理解

朗读可以帮助加深对文本的理解和记忆，因为通过声音的表达可以帮助思考和组织信息。默读则更侧重于个人内心的理解，可以更自由地处理和消化信息。

4. 注意力集中

朗读需要集中注意力、调动口腔肌肉的运动，因此容易关注文本内容；而默读则更注重个人内心理解思考和想象。

5. 语音表达和流畅度

朗读可以帮助提高语音表达能力，促进流畅的口语表达；而默

读更注重阅读技巧和理解能力的培养。

综上所述，朗读和默读在声音表达、阅读速度、阅读理解、注意力集中和语音流畅度等方面存在差异。两者可根据不同情境的需求来选择使用。

九、高年级阅读指导策略之三：书本之外

1. 查看书中引用的原始资料

查看书中引用的原始资料和标题，思考以下问题：这些原始资料与正文有何联系？阅读原始资料，试着找出其中的主要观点和关键细节，问问自己：刚才读到的内容提供了哪些与正文有关的新信息？这一策略适合说明性非虚构类文本。

●教师提示语：

说说你从原始资料中学到了什么。

这里面有哪些新信息？

找出原始资料中人物的观点。

2. 引起辩论

辩论有时会使交谈变得更有趣，并且打开我们的思路。即使你对自己的观点并无十足的把握，也可以大胆地为辩论提供一种不同的观点。

●教师提示语：

你能提供哪些不同的观点？

思考一下你的搭档说的话，如果你想就他的观点进行辩论，可以说些什么？

3. 运用 T 型图

为了记录故事中的重要时刻和你对这些时刻的反应，可以画一张分为两栏的"T"形图。暂停阅读，把重要的事件记在左边，把自己的想法、反应、问题或观点记在右边。

●教师提示语：

什么事最值得记住？

想一想：对故事中的主要人物而言，最重要的事件是什么？

你对故事中发生的事件有什么想法？

附 2：

在整本书阅读中培养学生积极心理

一、学校层面的阅读

1. 谈话交流（5 分钟）

交流整本书阅读的意义，强调阅读对于个人成长的重要性。教师对整本书阅读的意义和方法进行讲解，引导学生了解阅读的重要性和方法。交流如何选择书籍、运用阅读技巧和进行思考练习，让学生掌握正确的阅读方法。

2. 指导选书（15 分钟）

推荐适合学生阅读的书籍类型，如文学名著、科普读物、名人传记等，引导学生思考如何根据自己的兴趣和需求选择合适的书籍。分享一些经典书籍，激发学生的阅读兴趣。学生分组讨论书籍内容和思考练习题，互相交流观点和看法，提升思考能力和沟通能力。

3. 交流阅读技巧（10 分钟）

大家一起交流有效的阅读技巧，如速读法、精读法、笔记法等。组内交流如何制订阅读计划、准备阅读材料、合理分配阅读时间，提高阅读效率。

4. 讨论思考练习（10 分钟）

在整本书阅读之前提供一些与书籍内容相关的读书小贴士，如概括主题、分析人物性格、评价作者观点等，引导学生通过思考帮助理解，鼓励学生提出自己的观点和看法，激发创新思维。

5. 开始整本书阅读（根据阅读材料篇目）

对本节课的主要内容进行总结，强调阅读对于培养积极心理的作用，鼓励学生坚持阅读，提升个人素养和心理健康。

二、用好亲子阅读时间

亲子共读一本书，是很好的增进亲子交流的机会。家长可以给孩子创造一个安静、舒适的阅读环境，让孩子感受到阅读的愉悦和轻松。同时，家长也可以与孩子一起布置阅读角，让孩子感受到阅读的温馨和舒适。家长可以根据孩子的年龄、兴趣和阅读能力选择适合的阅读材料。选择有趣的、适合孩子的阅读材料，可以激发孩子的阅读兴趣和积极性，从而培养孩子的积极心理品质。也可以直接从教师推荐的书目中选择，一起制订阅读计划，每天安排一定的阅读时间，让孩子逐渐养成定期阅读的习惯。同时，家长可以采用多种方式激励孩子坚持阅读，培养孩子的自律性和毅力。在亲子共读中，家长要寻找机会与孩子进行情感交流，关注孩子的情感状态和需求。通过与孩子一起分享故事、讨论问题等方式，促进孩子的情感表达和交流能力，从而培养孩子的积极心理品质。当孩子在阅读中取得进步或表现出积极的行为时，家长应该及时给予肯定和鼓励，增强孩子的自信心和自尊心。在亲子共读中，可以根据书目内容引导孩子进行思考和探索，让孩子学会独立思考和分析；通过与孩子一起讨论故事情节、解决问题等方式，培养孩子的积极心理品质。

第五章　基于"育心"教学法的学校
课程实施

　　学校课程是学校针对学生的兴趣与需要，根据本校历史、发展情况和优势以及学校和社区的课程资源，围绕办学理念，自主开发的课程。学校课程以挖掘学生个性和潜能、培养学生创新精神和实践能力为目标。学校要有特色，必须得有特色课程作为有力的支撑和保障。

第一节　顶层设计与基层实践共生学校课程

　　课程研究永远是学校工作的重点，因为课程是学校的产品，课程改变了，学校就会改变，课堂也会改变，学生就跟着改变。

一、学校课程的顶层设计是目标与方向的指引

　　学校课程从顶层设计出发，从全局的角度对学校课程的各方面进行综合分析，合理统筹规划资源，力求最大限度地完成促进学生特色发展的目标。

　　根据学校优势及办学理念，寻找理论基础，确定核心理念，设计课程结构的主框架，基于此建立包括课程目标、课程结构和课程内容在内的二级指标，构建课程实施目标和评价体系。如图5—1所示。

这种设计方法的优势在于，一是能很好地凸显学校的核心办学理念，一切围绕实现顶层目标开展，突出学校特色；二是各个环节紧扣核心理念，能更好地落实顶层目标，各环节之间关联性强、匹配度高，衔接更加紧密。这种设计的弊端在于不能完全从师生需求和现有资源出发，限制了师生主观能动性的发挥，在一定程度上阻碍了学校特色的新生长点。

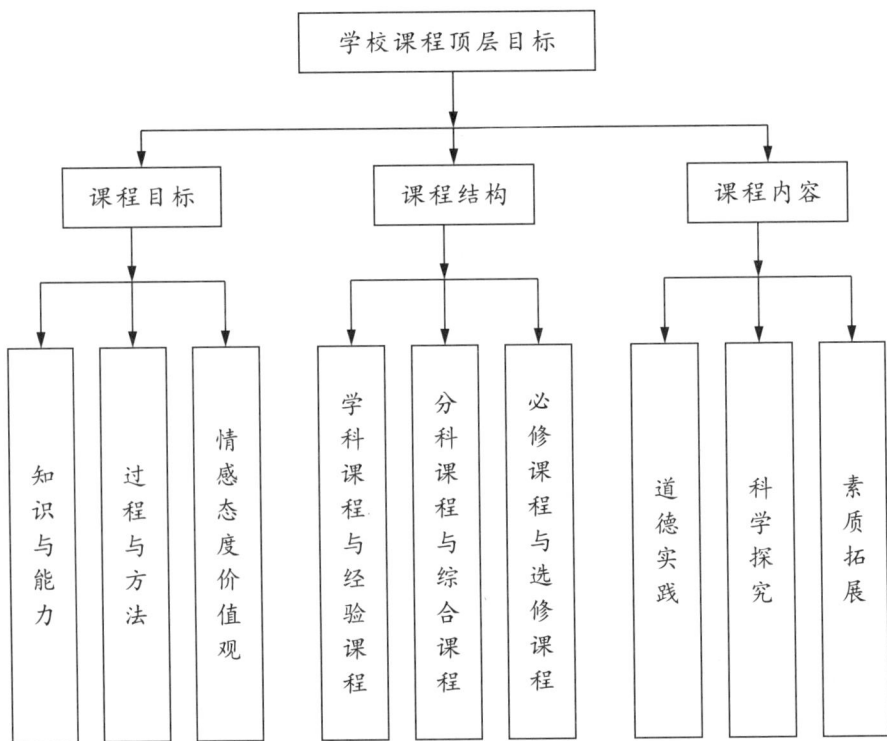

图 5—1 学校课程顶层目标设计

二、学校课程的底层实践是现实与探索的基石

学校课程的底层实践针对学生兴趣与需求，结合教师的经验，

围绕学校核心办学理念和特色，开设丰富的学校课程科目，围绕开设的课程考虑学校课程的整体目标和具体目标。

基于底层实践的设计，其优势之一在于更能针对学生的兴趣与需求，充分利用学校和社区的现有资源，具有适切性；优势之二在于这种设计是根据学校目前的课程开设能力，成熟一门开设一门，这使得课程目标的达成有一定的保证，不会为了顶层目标而"赶鸭子上架"。这种设计的弊端显而易见，即各个课程容易"各自为政"，难以凸显学校的核心办学理念。

三、顶层设计与底层实践共生保障学校课程生命力

任何学校课程的开发过程，都要经历几上几下的过程。这个过程可以有效提升学校的办学水平，促进学校特色的形成，也可以帮助教师明晰学校文化传承，确定前进的方向。再好的"顶层设计"也不能包罗万象、事无巨细，还需要一个又一个更为具体、更具可操作性的底层实践作为支撑，否则就会面临目标无法落实、浮于表面、不接地气的尴尬局面。真正的学校课程，必须将"顶层设计"和"底层实践"相结合，经过"自上而下""自下而上"几个回合，才能获得长久的生命力。

第二节　科学分析校情，为课程建构打好基础

为建设好学校课程，教师首先要做好全方位的调查研究工作，这些工作包括如下步骤：一是学习《课程标准》，熟知学校课程理念；二是梳理本校的历史和现有资源，总结成功经验，明确学校特色；三是通过调查访谈了解学生的学习兴趣和需求；四是摸清本校教师在课程开发方面的优势与不足，在此基础上组建课程开发团队。在进行校情分析时，通常采用 SWOTS 分析法进行优势、劣

势、机会点、威胁点及行动策略的分析，如表5-1所示。

表5-1　运用SWOTS分析法进行校情分析

	S（优势）	W（劣势）	O（机会点）	T（威胁点）	S（行动策略）
教师	教师敬业爱岗，学校教师队伍中84%的教师属于教龄10年以上的经验型、骨干型及名师型教师，敬业程度高，多数教师具有各年级大循环教学的经验；班主任队伍相对稳定，具有传帮带的优良传统。教师具有扎实的教学基本功，执行力较强，团结实干，拥有丰富的班级管理经验	专业型师资紧张，教师平均年龄偏大，缺乏新生力量；各学科专职教师均存在人员紧张的情况。大部分教师反思意识不够强，没有用反思的、批判的教学精神去分析教学中出现的问题，倾向于找客观原因，对于教学理念和方法的理解存在一定的局限性	以骨干带团队，学校针对"校园英才"人才库目前的发展态势，着重培养青年骨干教师，使他们能够真正成为学校各方面工作的中流砥柱。发挥名师对青年教师的培养带动作用，发挥名班主任对班主任团队的影响感染作用、发挥骨干教师对青年教师的指导帮助作用，夯实中青年教师的专业基本功，提升他们的成长速度，为学校人才库建设提供持续不断的新生力量	一方面教师显现出职业倦怠，另一方面随着人工智能的迅猛发展，慕课、Pad课堂等对目前传统的教学方式及教师能力提出了巨大的挑战，不能及时更新教育视野和信息技术能力的教师，将不能满足社会、家庭对于教育质量的要求	培树校级名师、名班主任工作室，带动更多教师参与高层次理论学习与研讨；编写具有本校特色的《班主任锦囊》；从教师的需求出发，开展文化活动，提高职业幸福感

续表

	S（优势）	W（劣势）	O（机会点）	T（威胁点）	S（行动策略）
学生	学生综合素质高，在艺术、体育、德育领域取得一定成绩。近几年的教育质量监测报告显示，学生在国家认同、文化认同和人生理想方面远远高于全市平均水平，劳动习惯指数超出全市平均水平，学生对学校的喜爱程度、归属感接近100%。	学生良好且自觉的学习习惯尚未形成：在课前预习、课堂听讲、回答问题、背诵识记、数学计算、卷面书写、改错方法、复习策略等方面，学生尚未形成全面而良好的学习习惯，很多学生仍需要在教师和家长的督促下完成学习。学生整体学习能力表现不均衡：各级部班级间、各班学生间学习兴趣、学习自信、学习策略、学习能力等方面差异性较大	通过"育心"教学法创建和开展教育科研提高教师反思能力，在历经教师建模、学生入模和师生出模三个研究阶段后，在学科素养、学习习惯、资源管理三大方面共梳理出30余条教法与学法，用于指导学生各科学习的全过程，真正让教法与学法优化成为撬动教学质量提升的有力杠杆	新的教学要求对学生阅读能力、跨学科应用能力、灵活运用能力等综合素养都提出了更高的标准和挑战。这些目标的实现，离不开小学阶段对于学习兴趣、学习习惯、学习动力和学习方法的培养	将学习动机、学习风格、学习策略等非智力因素引入教育教学全过程，教师的教学设计更加符合学生心理特征与认知水平，创设多元学习情境，激发新知学习动机、开展多维交流互动、突出情感体验学习、提供尝试机会

续表

	S（优势）	W（劣势）	O（机会点）	T（威胁点）	S（行动策略）
教育教学	教师队伍在师德、专业发展、德育领域有名师、有劳模引领，顶层设计较好。拥有"育心"文化品牌和心理健康教育特色	教师为教而教，方法老套，教而不得；学生为学而学，思维不够活跃，积极性不高，学而不得	用新颖、可行性高的德育评价激励机制，激发学生参与校园生活的热情	学生个体差异随着年龄的增长在不断加大，对于教育者如何因材施教提出了更高的要求	学校以追求教学目标、课堂教学和质量监控三者一致为手段，着力提高教育教学质量。学校将从明确转变方向、寻找有效举措、建立监控机制三方面，构建符合本校实际的高效课堂教学模式

　　归根结底，教育是影响儿童精神成长、温暖儿童心灵的事业，教育就是要让儿童温暖地成长。一直以来，关注和研究学生内心世界的成长都是学校教育的必要内容。从关于"师生心理健康教育"的研究，到逐步形成鲜明的心理健康教育特色；从最初尝试开展心理健康教育活动，到开发青岛市精品课程"心灵SPA"；从独立的特色课程，到如今的"育心"课程体系；从单一的特色项目，到引领整个学校发展的校园文化。正是课程与文化的力量，让学校在教育改革不断深入的今天，依然可以卓尔不群，熠熠生辉。

我们探索着、实践着，思考如何让全校师生在心灵的交流中形成健全的人格，如何让以心理健康教育为基石的"育心"文化成为滋养师生心灵成长的文化底蕴。思索之余的答案是，只有让所有的校园空间都成为课程开发的一部分，让所有教师都成为课程的创作者，才有可能让宏大的学科素养培养目标在学校教育中悄然生根，让"育心"文化土壤中孕育出的课程体系真正创建起属于学生的"育心"课程。

第三节 "育心"课程的整体框架

古希腊哲学家柏拉图说："教育非它，乃心灵转换。"我们的学校没有花哨的课程样式，有的是一切为了孩子的全面而又具有个性的课程设置。每节课程的学习，每次活动的参与，都要让学生体验生活、认识世界，激发学习兴趣，在满足学生个性化发展的同时也提供了更多的尝试与可能，渐渐成为学生成长中不可或缺的一部分。长此以往，我们就能看得到核心素养真正地落地生根，课程体系横向融合与纵向贯通，达到整体育人的效果。

一、以人为本，关注学生心灵成长

一所学校的课程设计，就犹如一条教育之路，引领学生走向未来。一门门课程在学生成长过程中所留下的痕迹即是塑造学生品性与素养的基础。

"怎样才能让学生喜欢我们的课堂"是教师经常讨论和思考的问题。学校深入分析现有课程资源，在保证完成教学目标的基础上充分挖掘整合校内外课程资源，将国家、地方、学校三级课程进行整合，构建起"育心"课程设计体系。国家、地方课程的校本化实施，为教师提供了更大的教学空间，以达到对原有课程的补充与拓

展。该课程体系以形成学生的核心素养为课程总目标，从学生的可
接受水平与可持续发展层面出发，用图谱的方式呈现各系列课程之
间的联系，分系列对学校课程进行总体系统设计，并关注各系列间
的相互关联与影响，从而建构结构清晰的学校课程框架。

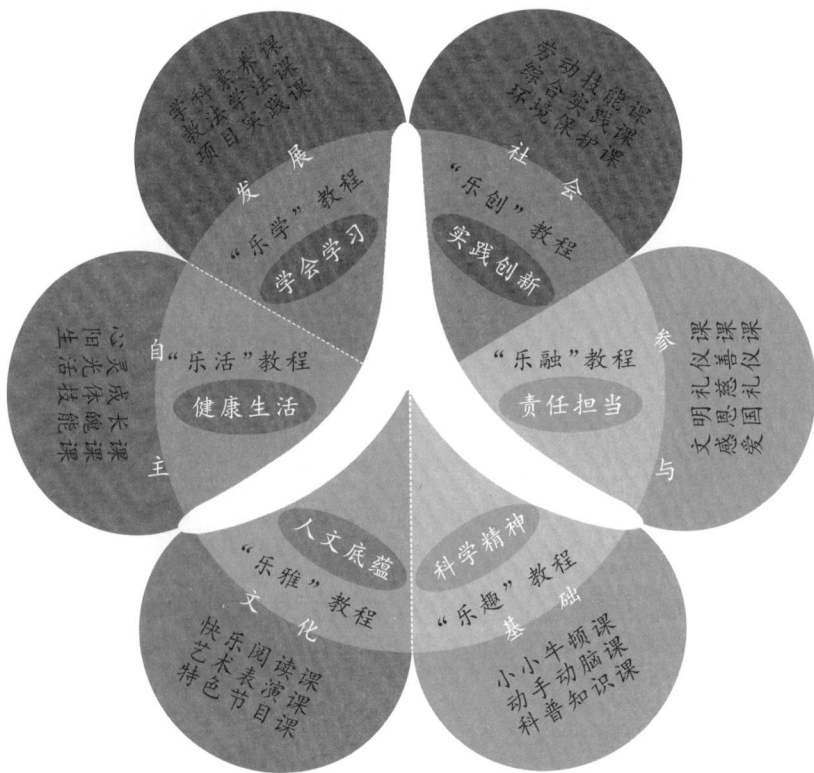

图5—2 "育心"课程图谱

　　学校将"中国学生发展核心素养"与学校"育心"文化课程体
系巧妙融合，构成"育心"课程图谱。该图谱由花盘与花瓣两大部
分构成，在花盘的正中央是一个大写的"人"型，寓意以培养"全

面发展的人"为核心目标；花盘圆环上呈现的是核心素养的三大方面，即"文化基础""自主发展""社会参与"，所涉及的六大核心素养均由以"乐"为中心的六大课程所一一对应，如旨在培养科学精神的"乐趣"课程，增加人文底蕴的"乐雅"课程，指向健康生活的"乐活"课程，学会学习的"乐学"课程，重在实践创新的"乐创"课程，增强责任担当的"乐融"课程。六个花瓣所呈现的是六大课程所分设的三大子课程，每门子课程依托的则是校本化的国家课程、地方课程及 20 余门校本课程，正是这些课程群承担起了实现培养学生核心素养的重任。

二、四大实施路径重构学校课程

有了学校课程的整体蓝图，随之而来的课程实施是一项十分复杂的工作，它受多方面因素的影响。从主体角度看，它涉及课程决策者、设计者、实施者、学习者；从实践角度看，它又是一个非线性的动态过程。

学校对课程的整合与创新不是一件易事。它不能凭空想象或推倒重来，更不能没有教师的支持。经过反复论证，学校将课程改革的落脚点确立在新一轮基础教育课程改革所确立的三级课程管理体制上，并充分发挥"育心"文化的优势，以促进学生核心素养的全面发展为总目标，以培养"身心健康、言行文雅、善思乐学、个性创新"的学生为具体发展目标，深入发掘学校课程的整体文化内涵。在现有课程发展的基础上，通过增值国家课程、整合地方课程、激趣校本课程、创新活动课程，不断探索出一条适合学校课程实施路径。

(一) 路径一：增值国家课程

国家课程是学生的必修课程，学校通过夯实基础知识，培养学生能力、情感同步发展。但是，在如今教育焦虑倍增的大背景下，在享有同等教育资源的情况下，如何增加学生的优势，很大程度上取决于对国家课程的开发程度。在保证教学质量的前提下，学校应科学整合教育资源，实施国家课程的特色化开发。

语文学科坚持"阅读积累练笔"，数学学科研究"生活中的数学"，英语学科使用"思维可视图"，音乐学科进行"世界名曲赏析"，美术学科开展"妙纸生花"，体育学科引进"足球进课堂"……但是，理想很"丰满"，现实却很"骨感"。在国家课程校本化实施的最初阶段，良好的课程规划却经常收不到预想的效果。在教研过程中教师经常反映课时量不够，难以驾驭和整合新的课程内容。具体到某个知识点，教师感觉已经讲得足够清楚，学生看上去听得也很明白，但一动手操作就错误百出，这说明在教与学之间、传授与内化之间缺少了有效的工具和方法。为了让执教国家课程的教师更会教、学习基本课程的学生更会学，学校在反思中摸索出一套用方法类课程解决学习效率的路径，即以"育心"为基本思路的教法与学法改革。

在此基础上，"学习巧方法"方法类课程应运而生。"学习巧方法"是在学校的实际工作中，经过师生大量的摸索和实践，教师分别从"预习—听讲—笔记—计算—书写—背诵—交作业—改错—复习—阅读"等教学环节中总结出近百条教法与学法，用于指导学生各科学习的全过程。

在教学中，学校进行了系统化布局，不断对操作方法和流程进行改进和深化。对于多样化的教学方式，由于每次应用同一方法的情景都不相同，因此教师会让学生自觉地去提取和应用这一方法，再基于各学科的特点进行梳理总结。

语文学科形成了以"识字—阅读—作文"为核心的素养形成指南；数学学科形成了以"审题—计算—检验"为突破的素养训练流

程；英语学科则形成了以"词汇—语用—背诵"为抓手的素养培养办法。针对学习品质的培养，学校共梳理出涉及"预习—听讲—书写—改错"四大学习环节的学习习惯养成办法。"预习五步法"让学生学会如何在家有效预习；"改错本"有效减少了学生屡做屡错的现象。学校还格外重视培养学生对时间、任务及学习用品等学习资源的分配管理能力，形成了"时间运用五步法""今日事，今日毕"等学习资源管理方法，让学生学会分配学习时间、安排学习任务、整理学习用品，改掉做事磨蹭的问题。

除此之外，学校还将开展了十多年的心理健康教育特色渗透于课堂教学，着力打造"育心"课堂教学模式。随着对心理效应、情感过滤说等理论的学习，教师将学习动机、学习风格、学习策略等非智力因素引入教育教学全过程，使教学设计更加符合学生的心理特征与认知水平，创设多元学习情境，激发新知学习动机、开展多维交流互动、突出情感体验学习、提供表现机会。渐渐地，学校中形成了安全平和的心理环境，师生间平等和谐的关系、课堂上良好的互动，这些都赋予了教学提升精神生活品位的独特意义，让课堂焕发出蓬勃的生命力。

（二）路径二：整合地方课程

地方课程主要体现地方区域的人文特色，为学生的社会实践提供更丰富的自然与社会资源。唯有从实践中得到并被实践所检验的知识才是能够被内化的知识。学校巧妙整合劳动教育、安全教育、环境教育等方面的地方课程，将"课程项目化"，丰富延展出"安全法制""环境保护""综合实践"三大项目内容，引导学生正确处理好知识与实践、自我与环境的辩证关系，传递正能量，创造和谐的生活环境。

在安全法制项目活动中，学校坚持在开学第一课中开设"安全守法课",在"防震减灾日""消防日"进行逃生演练,在"禁毒日"带领学生参加青少年社区禁毒教育基地启动仪式,以观影、朗诵、观展等方式认识毒品的危害。每年,学校都会与青岛市应急安全体验中心联合进行安全应急技能培训,让学生在模拟环境中学习应急技能。

在环境保护项目活动中,学校长期开展"垃圾分类、你我同行"主题教育活动,不断增强学生的环保意识,做好垃圾分类的宣传与实践。学校坚持于细节中落实教育目标,学校食堂设有厨余垃圾和生活垃圾两个垃圾桶,就餐时督促引导学生养成光盘及垃圾分类的习惯。在大力提倡垃圾分类的今天,学校充分发掘社区文化资源,与社区和岛城高校联合开展了垃圾分类主题活动。学生体验到了变废为宝的乐趣,制作出一件件富有创意的工艺品,演绎了一场场独具匠心的环保时装秀。

在综合实践项目活动中,学生积极参与"我和我的祖国"社会研学,在班主任和家委会的带领下,走进岛城各大主题展馆,相继开展红色基因代代传、探索海洋科技兴国、携手文明交通你我同行、非遗传统文化的传承等活动。在庆元旦迎新年活动中,学校组织全体学生开展了"多彩非遗元旦"创客活动。团扇、簸箕画、灯笼、脸谱,一个个精美的作品,一段段动人的传说,让每位学生享受到了非遗文化宝库的巨大价值。

(三)路径三:激趣校本课程

校本课程是学校不断整合校内外师资的过程,如挖掘校内多才多艺的教师,邀请各行各业的家长做义工,聘请学艺精湛的专业人员开设菜单式点击课程。学校通过选课分层进行、课程内容不断丰富、规范学校课程教材、延长学校课程时间等措施实施校本课程。

(1)选课分层进行。学校特色社团提前挑选有艺术特长或潜质的学生参加戏剧、舞蹈、书法等专业性较强的课程学习，其他学生则自主选择校本课程。这样既能保证教学的分层化，使学生在小学六年内能够选择和学习丰富多彩的课程，又能使学校实现规范管理。

（2）课程内容不断丰富。目前校本课程设置有器乐、手工、排球、沙游等 20 余门课程。其中"心灵 SPA""经典新韵 稚子童声""戏润校园"三门校本课程均为青岛市精品课程。

（3）规范学校课程教材。由执教教师整理、编写、补充课程内容，从而使学校课程的课程目的更加明确，课程内容更加系统，课程实施更加规范。

（4）整合学校课程时间。学校课程全部采用长课的形式实施，给师生提供充分的学习和活动时间，以有效地保障课程实施。

丰富的校本课程为更好地贯彻落实《青岛市中小学生全面发展"十个一"项目行动计划》提供了平台，在满足学生个性化成长需求的课程中茁壮成长。利用假期，学校开展了"校园梦，家国情"个性化生活课程指导建议，将学校课程的教育范围延伸至家庭教育中。该课程项目计划既着眼于综合素质的培养，又立足于个性能力的发展，不以学科来划分知识，不用课本局限内容，使课堂不再有"围墙"。一次次"源于生活，走向生活"的主题项目式教学，让学生在好玩的实验、灵动的歌声、多彩的绘画和丰富的实践中不断成长。打破学科的知识壁垒，以主题为原点，交叉互融相关学科内容，建立学科间彼此支持、相互作用、交互关联的主题架构。

镜头一：同年级学科整合——生命的孕育，大树妈妈

"树"与我们的生活息息相关。但是学生真的了解树木吗？真的了解树木与人类共命运的关系吗？学校将与该主题相关的学科——美术、信息、数学、语文及音乐进行交叉整合，改变了传统的

上课方式，使学生耳目一新。

美术学科——观察模仿：为了能让学生学会观察身边熟悉的事物，获得对树木的感性认识，在二年级美术学科"认识身边的树"一课中，学生和教师走出教室，边观察树的外形边创作绘画作品。

信息学科——信息处理：信息时代对知识的记忆不再是关键，拥有查找信息、处理信息的能力才是关键。信息课上，学生通过上网搜索认识了各种不同的树木，了解了树木对于阻止土地沙漠化和净化空气的作用。

数学学科——统计计算：没有年轮，如何计算树木的年龄？不用爬树，如何利用影长与树干比例推算树木的实际高度？一所学校一年消耗的纸张需要砍伐多少棵成年树木？一个个真实的数学问题吸引着学生将枯燥的计算变得有趣、有意义。

语文学科——阅读思辨：有了对树的基本认知，语文课上教师又进一步将学习的内容引向更深层次，带领学生阅读耐人寻味的故事——《爱心树》。是要学习大树的无私付出，还是要反思人类的一味所取？令人惊喜的是尽管学生年龄较小，但辩论课上讨论的广度和深度却让人觉得每个学生都是天生的哲学家。

音乐学科——表演创作：在对树木的精神内涵和生命价值有了新思考后，学生又在音乐老师的带领下，进行"聆听—想象—创作"的任务活动，一边倾听音乐《大树妈妈》《好大一棵树》，一边用肢体语言、创编歌词的方式表达自己对树的情感。

就这样，当线条、色彩、影像、语言和旋律相互交融时，每个学科既完成了本学科的教学目标，又实现了教育合力。

镜头二：文理学法融合——惊艳的笔记，图文并茂

如何让思维真正在课堂上发生？学校在人文学科与自然科学中提出了"提升学习力"的学法研究，打破泾渭分明的文理界限，通

过引入"思维可视图"这一学习方法，打通文理科之间的学科壁垒。在学校，每个学生都有一本让人惊艳的综合素养提升手册。

在以往的教学中，音美学科重感性认知、轻理论学习，科学学科知识点零散、缺乏系统性。学校引入的"思维可视图"这一学习方法，将学科的知识框架与要点以归纳、演绎、对比等方法进行呈现。以科学学科为例，科学老师经过反复切磋，研究确定了文字法、表格法、坐标法、绘画法等多种记录方式，图文并茂、重点突出、可操作性强的科学探究手册包含了科学概念、实验方法、实验过程及实验结果等丰富内容。这样的学习记录方式，不仅体现出学生的探究过程，更培养了他们在科学探究过程中的数据分析与总结能力。一本本综合素养提升手册既体现出学生的美术绘画、汉字书写等能力，又包含了逻辑推演、因果辨别等思维训练。图文并茂的手绘笔记，是课堂中一道亮丽的风景。

这样的课程在学校里不胜枚举：了解一个冬奥会项目，认识我国该项目中的知名运动员，制订一个假期健身计划，合理安排好时间坚持项目锻炼，并记录内心感受的健身课程；"请用自己喜欢的艺术形式（绘画、剪纸等）表现一种生肖，并介绍相关民俗故事；请坚持练习自己学习的艺术特长，学习在网络上搜索并欣赏相关艺术家的表演或演奏视频，记录下自己的感受"的艺术课程；"请通过书籍或网络视频，学习科学整理衣物的方法和技巧，然后给房间来一次的大扫除""请收集身边的废旧物品，发挥想象，做一件艺术品摆在家中"的劳动课程；"请学着罗列购物清单，和家人一起购买年货并计算开支。高年级同学可以尝试把数据做成合适的统计图，并用'图表法'比较现金、信用卡、银行卡、支付宝等不同支付方式的优点与不足，体会网络信息时代带来的便利的生活方式""请记录每一笔压岁钱的来源及金额，并制作一个压岁钱使用方案"

的逻辑课程;"请观看影视纪录片,如《舌尖上的中国》《航拍中国》等,了解祖国的大好河""通过长辈聊天的方式了解家里在衣食住行等各个方面发生的变化,并以'我的美丽中国'为主题撰写一篇演讲稿,反映人民日新月异的生活"的语言课程;"请学习图片和视频制作软件,用图片、视频、PPT 等方式记录一次旅行经历""在回老家、逛庙会时,了解民俗文化,收集春节期间的有趣春联"的研学课程。

(四)路径四:创新活动课程

学校从儿童的视角出发,将丰富的学生活动整合成符合学生身心发展规律的"育心"德育活动课程体系。

在陶行知先生"生活教育"理论和加德纳的多元智能理论的指导下,学校开设了"道德修养课程""健康生活课程""特色文化课程"及"综合实践课程"四大德育课程,每门课程都确立了具体的课程目标及相应的子课程,目的在于帮助学生树立基本的道德规范,养成健康的生活方式,积累丰富的文化涵养,实现真正的行知合一,培养"适应未来生活的社会小公民"。

首先,学校将立德树人作为德育的首要目标,设立了"道德修养课程",培养学生树立社会主义核心价值观。通过"我和我的祖国"系列活动增强民族自豪感;通过感恩教育等活动提升公民素养;通过军训培养爱国情操。丰富多彩的活动让学生感受生命之爱、家乡之爱、祖国之爱。

其次,为生活做好准备才是学生发展真正需要的教育,学校开设了"健康生活课程",每天一个主题的《一周健康生活表》、小学6 年中我要做到的 18 件事、时间管理小妙招等阶梯式生活技能指导建议分别从时间管理、礼仪习惯、科学饮食、体育锻炼、家务劳动等多方面锻炼学生的生活自理能力,使学生乐享健康的生活方式。"上午进课堂，下午入厨房"，如此有创意又富有挑战性的课程设置让学生带着套袖、系着围裙"盛装出席"劳动技能大赛，并邀请亲友入场观礼。缝扣子、叠衣服、物品收纳……特别是对一年级的学生来说颇具挑战性，当亲友团亲眼见证学生从"任其凌乱""笨手笨脚"到"手脚麻利""从容优雅"，"刮目相看"是亲友团对孩子们最好的评价。

当平淡无奇的生活成为教与学的练习场，一茶一饭中养成的是知足随和的性格；一针一线间织入的是温良恭俭让的美德。

如果在每一处成长的关键节点有一些仪式感较强的活动类课程，会对学生的心理成长有积极影响，从而产生更好的教育效果。因此，学校在新生入校、一年级入队、五年级十岁生日、六年级毕业生离校这四个关键节点都会组织入心入情的活动课程。例如，一年级学生是带着自己最喜欢的玩具踏入校门，参加学校传统的"入门仪式"，在点朱砂、击鼓、拜师、描红等中华传统礼仪中迎接人生的"开笔之礼"；一年级的新少先队员在队旗飘飘、领巾鲜艳的"入队课程"中感受旗帜的力量、寻找成长的方向；五年级的学生在感恩过去、定位现在、畅谈未来的"十岁课程"中庆祝人生中的第一个十年；六年级毕业生则是在笑声与泪水中参加小学阶段的最后一门课程——"离校课程"，带着对六年小学生活的不舍和对初中生活的憧憬离开母校。

在此基础上，学校还将德育、智育、体育、美育进行有机融合，设立特色文化课程。"快乐阅读课"从普及阅读知识、落实阅读时间、制订阅读书目、搭建展示平台等方面为学生营造浓厚的读书氛围；"节日文化课"让学生在中华传统佳节中体验文化与传统；陶冶高尚情操的"艺术欣赏课"用无处不在的艺术之美感染着学生的心灵。

正如一位专家在活动中做出的评价："希望不一样的学生能在不重样的课程中，远离复制和重复。希望学生的好奇心、专注力、创造力、审美力等不能被直观量化的天赋，在学校多样化的课程里，被挖掘、被看见、被呵护、被认可。教育是多样化的艺术，皆因为孩子是千姿百态的。"

第四节 "育心"德育课程，培育时代新人

2018 年，全国教育大会上第一次明确提出了"培养德智体美劳全面发展的社会主义建设者和接班人"的新要求，这是对党的教育方针的新发展，要求我们推进立德树人，坚持以树人为核心、以立德为根本；2020 年，全国德育大会强调了德育工作要加强知识学习与实践感悟相结合，实现学思结合、知行合一，思政课程与其他课程相结合，树立大德育观念，加强全科育人。

青岛市市北区有着得天独厚的德育资源，文化底蕴深厚，爱国主义教育基地众多，红色研学资源丰富，青岛最早的党组织、第一个农村党支部、第一个地下联络站在这里诞生，王尽美、邓恩铭等老一辈革命家都在这里留下了革命的足迹；市北区也是"百年青岛"历史文化的传承地，拥有百年港口、百年火车站等民族工业遗产，有馆陶路、海云庵等历史文化街区以及贝林博物馆、汉画像砖博物馆等 22 座博物馆。在参观市北区红色教育基地的过程中，让学生了解革命先烈的事迹和奋斗精神，传承红色基因，增强爱国情感和民族自豪感，帮助学生树立正确的世界观、人生观和价值观。丰富的资源展示了中国共产党的历史和革命文化，让学生了解中国近现代史的发展历程和成就，增强历史意识和文化自信。红色教育基地不仅展示了革命历史和文化，还提供了许多富有创意的互动体

验项目，让学生在参观学习的过程中提高综合素质和创新能力。

为深入贯彻全国教育大会的精神，促进中小学生全面发展"十个一"项目计划的实施，我们通过打造红色基因传承、传统文化教育、博物馆研学、节日文化实践四大德育主线课程，全面启动德育课程，落实立德树人根本任务。

作为全国心理健康教育示范校，学校在探索与实践中，不断思考着如何将"关注心灵成长"置于德育育人的全过程，如何让新时代的少年儿童在丰富的德育课程中成就健全人格，如何让以心理健康教育为基石的"育心"文化成为滋养学生全人成长的积极能源。学校从儿童的视角出发，将丰富的学生活动整合成符合学生身心发展特点的德育课程体系，在积极心理学、陶行知"生活教育"和加德纳"多元智能"为理论基础的指导下，不断实现"育心"文化与德育课程的创造性深度融合。通过"初心"课程、"润心"课程、"慧心"课程、"强心"课程四大课程为支撑的"育心"德育课程体系，教育引导学生在榜样的感召下拥有深厚的家国情怀，在分层指导下形成健康的生活习惯，在德智体美劳教育中积累丰富的文化涵养，在亲身实践中追求真正的行知合一，促进学生根植市北、体验市北、传承市北、奉献市北，为洮小学子的"拔节孕穗期"注入成长的"源头活水"，培养新时代好少年。

学校德育无时不在，无处不在。各种德育课程的组织和实施必须以学生为本，尊重学生的意愿，采用学生喜爱的组织形式和活动方式来开展，激发学生积极参与课程的热情。新时代需要优质的德育课程，将德育内容付诸实践。

为贯彻落实立德树人根本任务，《义务教育课程方案（2022年版）》结合义务教育性质与义务教育课程定位，从"有理想、有本领、有担当"三个方面建构义务教育培养目标，明确新时代义务教育阶段时代新人培养的具体要求。我们遵循儿童身心发展规律，通过行动研究实施积极心理教育，形成积极、悦纳、互融的师生关系、亲子关系与家校关系，为学生提供安全、信任、自由的心理成长环境。在实践中，力求探索塑造小学生积极人格的课程资源，挖掘德育活动和学科课程中的积极心理因素，积极开展顺应小学生心理发展特点的系列体验活动，发挥积极心理学在学习过程中的激励作用，从而帮助学生获得积极的人格与良好的学习体验。

学校"育心"德育课程以"立德树人，培养新时代好少年"为目标，坚持"涵养品性、开发潜能、助长生命"的办学特色，以"育心"德育为统领，实施全人教育，引导学生为实现中国梦时刻准备着。

一、小学生德育课程相关任务

《关于进一步加强和改进未成年人思想道德建设的若干意见》明确指出，抓紧抓好未成年人思想道德建设，要从增强爱国情感、确立远大理想、规范行为习惯、提高基本素质抓起，教育和引导未成年人树立中国特色社会主义理想信念和正确的世界观、人生观、价值观，养成高尚的思想品质和良好的道德情操，努力培育有理想、有道德、有文化、有纪律，德、智、体、美、劳全面发展的中国特色社会主义事业建设者和接班人。

小学生是"育心"教育的重要对象之一，因为他们正处于身心发展的关键时期，德育课程承担着以下任务。

（1）关注小学生的情感需求。小学生往往处于情感发展的敏感期，他们需要得到家庭和学校的温暖关怀和鼓励。我们应该关注小学生的情感需求，倾听他们的心声，及时解决出现的问题，让他们感受到被关心和被爱。

（2）培养小学生的自信心和自尊心。小学生往往容易因为自己的缺点和错误而失去自信心和自尊心。我们可以通过适当的表扬、鼓励和认可，帮助小学生建立自信心和自尊心，从而使他们更加积极地投入学习和生活中。

（3）培养小学生的社会适应能力。小学生正处于适应社会的关键时期，他们需要学习如何与人相处、如何解决矛盾和冲突。我们可以通过角色扮演、小组合作等方式，培养小学生的社会适应能力和合作精神，让他们在学习和生活中更加自信和从容。

（4）培养小学生的创新能力。小学生正处于知识积累和认知能力发展的阶段，他们需要得到启发和鼓励，从而发挥创造力和想象力。我们可以通过启发式教学、游戏教学等方式，培养小学生的创新能力和想象力，让他们学会发掘自己的潜能。

（5）培养小学生的健康意识。小学生的身体发育和健康状况直接关系到他们未来的发展。我们应该关注小学生的身体健康和生活习惯，让他们学会正确的饮食、睡眠和运动方式，从而养成健康的生活习惯和积极的心态。

二、德育课程与少先队活动相融合

随着教育改革的推进，国家对中小学生的德育教育愈加重视，出台了一系列政策文件，明确提出要将德育融入小学教育的全过程。少先队活动是德育的重要途径，以少先队活动为新的视角，通过挖掘少先队活动的德育意蕴，探讨如何在德育课程建构下更好地开展少先队活动，这对落实立德树人根本任务、培养学生养成良好的行为习惯、形成健全的人格、促进学生五育并举都有着积极的推动作用。

儿童的生长是指向社会、指向未来的，少先队员作为社会主义事业的接班人，其发展影响着社会主义事业的发展。少年儿童时期正是可塑性较强的时期，是养成道德品质的最佳时期，同时也是少先队活动发挥育人价值的好时期。目前的研究多集中在少先队活动的开展上，较少关注德育课程的建构与少先队活动的融合，本研究能够填补这部分空白，有助于建立起一套完整的与少先队活动融合的德育课程体系，是对少先队教育和德育教育理论研究的扩展和升华。

在活动中进行教育既满足了儿童的活动需要，又活化了教育的方式，是少先队教育的特色。将德育课程与少先队活动相融合，有利于转变学校及辅导员们对少先队活动育人价值的观念，为少先队活动的设计和组织打下坚实的思想基础，让辅导员们更好地落实《少先队活动课程纲要》。德育与各种少先队活动结合能最大限度地将德育教育落到实处，这也有利于学生德育素养的提升，满足学生的发展需求。二者相辅相成，相互融合，将更好地培养学生的核心素养，促进全面发展。

（1）德育课程建构下的少先队活动研究的理论依据。德育课程建构下少先队活动研究的理论和政策依据以陶行知的"生活教育"为理论基础，确立鲜明的儿童立场，充分体现"人本关爱"的教育理念，促进学生在道德品质、生活技能、文化涵养、个性能力、创新实践等方面的和谐发展，让每位学生都能成为适应未来的合格小公民。同时，也将综合杜威"活动课程论"、维果斯基与皮亚杰提出的"建构主义理论"、科尔伯格的"道德认知发展"等理论展开具体研究，同时结合当前的教育政策，分析研究的可行性和必要性。

（2）青岛市少先队活动现状。以青岛市小学为研究样本，通过问卷调查、访谈法等方法对少先队活动课开展和实施的基本现状进行分析，并对这些小学生在政治启蒙、组织认同、道德养成、全面发展等方面的德育发展状况进行调查。问卷内容设计包括少先队活动内容、形式和频次，少先队活动对照德育发展目标情况、少先队活动对学生德育发展各维度影响情况，少先队激励机制与活动评价情况等方面。

（3）目前少先队活动存在的问题及成因。在充分调查研究的基础上，精准透彻地分析目前少先队活动存在的问题及成因，为下一步实现德育课程建构下少先队活动有效开展做好铺垫。

（4）德育课程建构下少先队活动的设计与实施。结合对少先队活动现状和存在问题的分析，针对学生身心特点与发展需要，提出有效的改进措施，学校将结合不同的德育渗透点，开展实施促进学生在道德品质、生活技能、文化涵养、创新实践方面和谐发展的"育心"德育课程，教育引导学生在榜样的感召下拥有深厚的家国情怀，在分层指导下形成健康的生活习惯，在德智体美教育中积累丰富的文化涵养，在实践中追求真正的行知合一。课程下设置不同的子课程，每门子课程将设有具体的培养目标，意在让抽象的教育、空洞的说教变成一节节入情入心的德育课程。

（5）创新德育课程建构下的少先队活动评价体系。课程和活动不仅是一种结果，是一种过程，更是一种意识。因此，创新德育课程建构下的少先队活动评价体系非常有必要。评价体系的实施要着眼于"立足过程，促进发展"，旨在既能满足学校特色，又能满足学生个性差异的评价体系；既重视评价内容的多样性，评价方式的多元化，又注重学生成长过程的评价。

三、落实德育课程的要求

德育课程是实现小学德育各项目标的重要途径。在实践中应遵循以下规律，才能更好地构建德育课程，落实德育任务，实现德育目标。

（1）德育课程的实施应适应学生的年龄特点。针对学生年龄特点和现实问题设计不同主题的德育课程，如小学低年级阶段可以设置"团队合作""自我管理""情感发展"等主题，高年级阶段可以设置"社会责任""创新思维""价值观塑造"等主题。

（2）德育课程的实施应与各个学科相结合。每堂课、每个学科，都应该充分挖掘德育的结合点和渗透点。学生在学习语文、数学、科学等知识的同时，也能培养情感、品德等方面的素质。例如，在语文课上，可以让学生朗读优秀作品并进行情感教育；在数学课上，可以让学生体验合作的快乐。

（3）德育课程的实施应多维度开展。学生的德育教育不能仅仅停留在课堂上，还要考虑学生的情感、认知、实践等方面的需求，让学生在多种形式的活动中得到提升。例如，组织学生参加志愿者服务、参观博物馆、观看优秀影片等活动，从多个方面培养学生的德育素质。

（4）德育课程的实施应充分发挥教师的引导作用。教师应该在德育课程中发挥积极的作用，引导学生思考、表达、实践，让学生从中体验到成功的喜悦。教师对于学生良好的德育素质形成起到非常重要的引导作用，因此教师要注意自己的言行举止和言论导向。

（5）德育课程的实施应定期评估和反思。德育课程需要定期评估和反思，以不断完善和提升德育工作质量。学校可以通过问卷调查、观察评估、案例分析等方式，评估德育课程的效果，找出问题并及时进行调整。

四、"育心"教育理念与小学生德育的关联

小学德育主要是对小学生进行思想、政治、品德方面的初步教育，具有明显的启蒙性特征，如何正确认识其启蒙性、准确把握其内容，并采取适切的方法和途径将目标落实到育人的全过程中，是教育者需要思考的问题。将"育心"教育理念创造性地应用于德育

的过程中，不仅符合我国基础教育课程改革的要求，也引领了小学生德育课程建构与发展。

（一）"育心"教育理念符合我国基础教育课程改革的要求

积极心理学提倡在面对心理现象和心理问题时，应用一种新颖的角度和乐观进取的视角做出新解释，它关注的是人类内在的积极力量和积极品格，并引导人们利用这些积极条件过上快乐和谐的生活。积极心理学的内涵、基本理念和方法等内容都阐释了一个中心思想：关注人的身心健康发展，即不要等"错误或毛病出现了"再去纠正，而是采取一种更加积极的态度和角度去发掘个体自身固有的积极品质和力量、美德和善端等。很显然，这远比事后治疗的价值要大。小学生的生活和心灵接受的事物都在迅速扩展，积极心理学的核心观点就是要在学生积累实际生活经验的基础上，与他们一起面对成长中的各种问题，引导他们正确认识自己，认识他人，让他们学会与他人一起合奏好生活的美丽乐章。

《新时代学校思想政治理论课改革创新实施方案》（以下简称《方案》）对小学德育课程目标和内容作出了细致的规定。《方案》指出，小学阶段的课程目标重在培养学生的道德情感。重点引导学生知晓基本国情，尊敬国旗国徽，会唱国歌；了解革命领袖和民族英雄的生平故事；知道社会主义核心价值观，初步形成规则意识，知道宪法有关常识，初步具有依据法律维护自身权益的意识；讲礼貌、守纪律、知对错；形成爱党、爱国、爱社会主义、爱人民、爱集体的情感，具有做社会主义建设者和接班人的美好愿望。小学德育的启蒙性特征要求教育更应注重让学生在生活实践中养成基本的行为道德规范，培养基本的爱国主义和集体主义精神，养成良好的学习生活习惯。德育课程真正改变传统的说教模式，通过打造红色基因传承、传统文化教育、博物馆研学、节日文化实践四大德育主线课程，落实立德树人根本任务。

因此，为了更好地促进小学生的身心健康和谐发展，非常有必要在德育中应用积极心理学的新思路、新方法，真正做到"用积极途径和策略培养个体积极品质，用积极过程引导个体积极情感体验、积极态度的养成。"由此可以看出，积极心理学理念和方法符合新一轮基础教育课程改革的要求和目标，将有助于培养小学生自身固有的积极力量和积极品质，完善他们的素质结构，使他们更好地适应当今社会的急剧变化。这样，也符合促进小学生身心健康发展的需要。因此，在小学这一关键时期，通过积极心理学的方法引导学生树立良好社会责任感和积极生活态度，以及培育他们的积极品质和美德，对学生健康成长具有重要的推动作用。

由此，我们将积极心理学的理念和方法尝试引入德育实践中，即把教育重点放在挖掘和引导学生自身内在各种积极素质的发展上，引导学生的情感体验，培养他们的优良品质。

(二) "育心"教育理念引领小学生德育课程建构与发展

在"育心"教育理念的引领下，德育课程的实施原则是既不惩罚也不娇纵，为小学生营造出和善而坚定的氛围，培养自律、责任感、合作以及自己解决问题的能力，学会使他们受益终身的社会技能和生活技能，将积极心理学融入德育课程具有客观而积极的现实意义。

1. 尊重学生主体地位，实现认知内化

对事物的认识产生于主体认知结构与客观外在实践经历的相互作用，如果充分尊重学生的主体地位，引导学生积极开展思维活动，学生就能够主动参与问题探究，进而形成更高层次的认知体

系，达到认知和能力的升华。基于"育心"教育理念的小学生德育课程，在实施过程及评价方式上，都意在引领学生用积极的心态对外部事物做出解读，从而激发自身内在的优秀品质和建设性力最，在实现个人成长的同时获得幸福感。尊重学生的主体性，是德育课程取得良好教育效果的必要条件。

2. 优化学生情绪实践，增进积极体验

积极情绪体验是指个体主观体验作用于客观世界，积极主动地经历某种情境或事件，从而产生的积极情感，即主观幸福感的产生。基于"育心"教育理念的小学生德育课程，在教育实践活动中，通过创设生动的情绪体验情境，帮助学生消除不良情绪的影响，进而获得更多积极情绪体验，形成良好的生活态度和行为习惯，这既是达成德育目标的最重要途径，也是教育本身所应追求的价值核心。

3. 塑造学生积极人格，促进全面发展

个人要充分发挥潜能，就必须表达和发展自己的期望、愿望、兴趣和能力。在基于"育心"教育理念的小学生德育课程的实施及评价过程中，着力于塑造学生的积极型人格，这样学生更容易调整心态，突破自我，进而获得幸福，创造快乐，以此帮助学生适应现代社会的各项要求，为学生的终身发展奠定重要基础。

五、"育心"德育课程的具体实施

"育心"德育课程旨在培养儿童具备适应未来的必备素养——正确的价值取向、文明的行为教养、博雅的人文修养与言行的知行合一。根据现有的国家课程设置与家庭教育水平、全人发展要求不平衡的现状，结合学生身心特点与发展需要，"育心"教育致力于培养人的积极品质和美好心灵，促进心理积极和谐发展与心理潜能的充分开发，以"立德树人，培养新时代好少年"为总目标，引导学生能够将传扬中华美德、形成仁爱精神，以及道德修养作为首要的成长目标；能够在集体及居家生活中学会必备劳动技能，养成良好的生活习惯，形成阳光积极的心态；能够在阅读积淀、节日体验、艺术欣赏中形成人文素养；能够在安全、法制、环保、实践活动中形成与自我、与他人、与社会、与自然之间的和谐关系。

"育心"教育理念以积极心理学为理论基础，积极心理教育是一种致力于培养人的积极品质和美好心灵、促进心理积极和谐发展与心理潜能充分开发的教育方法。积极心理品质是指个体在成长中以及在与环境相互作用的条件下形成的较为持久、积极的情绪和情感体验，以及对未来的乐观态度。"育心"教育理念，即基于"开发潜能、涵养品性、助长生命"的办学特色，培养学生形成积极、乐观、向上的心理品质和热爱生活、珍爱生命的生活态度，为学生走向完整而和谐的幸福人生奠基。

以活动为载体，实现全人发展。凝练主题，提升内涵。每学年学校选定一个关键词，如"美丽""力量""成长"各个活动围绕同一主题从不同视角开展活动，引导学生发现生活中的美丽，积淀成长的力量。活动的组织开展充分体现学生的民主意愿，根据学生的发展需要和兴趣爱好进行活动的设计与开展，润物无声，注重落实。学校德育活动的实施、开展与落实等各个阶段环环相扣，设计在先，适时反馈。活动的组织参与注重学生的全员参与度，承诺让每个学生都有快乐参与活动的权利，让每个学生都能登上舞台表现自己，从而实现如下目标。

（1）培养学生的情感素质。要让学生具备感恩、宽容等情感素质，通过组织团队活动、开展志愿服务等方式提高学生的情感素质。

（2）培养学生的道德品质。要让学生具备诚信、负责、尊重、友善等品质，通过设置道德课程、讲授道德故事等方式培养学生的道德品质。

（3）培养学生的社会责任感。要让学生关注社会、参与社会活动、为社会作贡献，通过开展社区服务、组织社会实践等方式培养学生的社会责任感。

（4）培养学生的创新思维。要让学生具备创造力、探究精神和创新意识，通过鼓励学生提出问题、寻找解决方案等方式培养学生的创新思维。

（5）培养学生的团队合作能力。要让学生学会合作、协调和沟通，通过开展团队活动、小组讨论等方式培养学生的团队合作能力。

（6）培养学生的自我管理能力。要让学生学会自我管理、自我约束和自我激励，通过培养学生的自律意识、自我反思等能力等培养学生的自我管理能力。

六、"育心"德育课程的初建

根据学生的年龄特征、认知能力以及发展需要，我们精心设计并实施了"健康生活系列""道德修养系列""特色文化系列"以及"综合实践系列"等德育课程，让教育为学生的生活做准备。

（1）道德修养系列——为学生筑牢做人的根基。立德树人，让道德成长成为生命成长的重要坐标是学校教育的首要目标。通过体验式的教育方式将抽象的社会主义核心价值观转变为学生的世界观与人生观让枯燥的德育说教变得生动起来。"育心"德育课程"道德修养系列"以爱为出发点和归宿点，唤起学生对祖国的爱、对集体的爱、对家庭的爱和对他人的爱，课程下设"爱国主义课"及"感恩慈善课"两门课程。不管是以民族情感为核心的爱国教育课，还是以"寻找最美人物"为主题的道德修养课，以及以开展"微尘"行动为主线的爱心慈善课，都是让学生在生活中感受道德的力量，在体验中表达对祖国、对家乡、对集体、对他人的爱。通过义卖、置换、募捐等多种方式帮助有困难的人，让学生在奉献中体验"让爱传出去"的善心善德。

（2）健康生活系列——让学生过上健康的生活。"健康生活系列"包括"文明礼仪课""生活指导课"及"安全法制课"三门课程，分别从文明礼仪习惯、健康生活作息和安全自护能力三个角度展开。《一周快乐生活表》及"小学6年我要做到的18件事"，学校为学生一周的生活安排了不同的主题，即"周一快乐阅读日""周二阳光健身日""周三身心休整日""周四艺术欣赏日""周五心灵分享日""周六家务清洁日"和"周日缤纷生活日"。学校又按照低中高不同年级的学生制订了阶梯式"生活技能"指导建议，如"我能在吃饭时帮助家人布置和收拾碗筷，和家人一起用餐是一天中美好的时刻""我能认识并正确服用治疗流感、咳嗽、鼻塞、腹泻、发烧等常见病症的药物"等。学校主要通过劳动技能比赛、家长座谈、家长信函等多种形式固化和反馈学生生活习惯的养成，倡导全体教师、家长与学生共学习、共生活、共成长。

（3）特色文化系列——助学生提高文化涵养。特色文化课程将生活中的德育、智育、体育、美育进行有机融合，全面提升学生的人文修养，为实现"全人发展"和"终生教育"奠定基础。特色文化课程下设以下课程：以"五彩悦读，缤纷校园"为载体，营造浓厚读书氛围的"快乐阅读课"；融汇中西方文化又充满童真童趣的"节日文化课"；陶冶情操的"艺术欣赏课程"及利用学校"育心"教育特色、专门为一年级和六年级学生开发的"进校离校课"。这些课程让学生在学校生活中健康成长。学校开发的以《四季》为主题的微课程，将语文、数学、英语、音乐、体育、美术、科学、信息、思品等各个学科的资源进行整合，让每位教师都成为微课程的设计者与实施者，带领学生用语言、旋律、舞蹈、运动、光影、色彩等多种方式展现四季的变幻，表达对四季的感受，尊重万物更新的自然规律。在学校开发的节日文化课上，学生体会到了中国传统佳节背后的人文内涵；在戏剧节中，学生走上舞台"自导自演"，用生动的角色扮演体会剧中人物的内心情感，感受角色的喜怒哀乐；幸福环绕的"十岁生日会"，有意义的儿童节、让人大饱口福的"美食节"、激情飞扬的"狂欢节"、治愈心灵的"心理健康月"……一次次耳目一新的节日体验丰富了学生的童年。

（4）综合实践系列——促进学生知行合一。"社会即学校"是"生活即教育"的延伸。正如陶行知先生所说，教育不能离开具体的社会生活实践，不能离开具体的社会生活需要。为尽可能地打破教育的真空状态，为学生提供在生活中、在社会中调查研究、亲身体验的机会，学校开设了包括环境保护课程和社会实践课程在内的综合实践课程。通过节水行动、"环保、健康、新生活"等具有实效的创新活动及"环保基金""光盘行动"等着眼于细微之处的教育，不断提高学生的环保意识与实践能力。一是以"地球日""世界水日""植树节"等节日为契机，开展"假如我只有一杯水"创意活动、"我为小鱼找个家"科学水实验、环保时装秀、"变废为宝"手工制作、"十大低碳生活小妙方"征集、"让生活走进自然"环保讲座等活动。二是坚持于细节中进行教育。学校设有垃圾分类回收箱，由环保小组随时监督学生的垃圾分类情况，午餐提倡"光盘行动"。三是开展"与自然相连"环保活动。近年来，学生走出校园，走进档案管、博物馆、百花苑、老舍故居等十多处社会课堂，在社会生活中调查研究和参与体验，增进他们对各行各业的了解。

七、实施"育心"德育的有效途径

实施"育心"德育的有效途径从"育心"德育教师队伍、建设"育心"德育课程体系两大途径出发，通过专业培训提升德育教师综合运用积极心理学相关理论的能力，不断打磨课程架构、丰富课程内涵与外延、完善评价体系，提升基于"育心"教育理念的小学生德育的实效性。

1. 建设"育心"德育教师队伍

以专业培训为路径，组织教师学习积极心理学、德育教学、德育等相关理论，为教师制订个性化项目实施方案，尝试开展"育心"德育教学承担任务。实验教师可以把积极心理学融入德育课程中，进行教学设计，依据立德树人基本要求及德育教学目标对教学效果、教师教学组织能力进行初步评价。以梯队建设为基础，形成"名师引领—骨干带动—青年奠基—整体提升"的可持续发展教师梯队，为教师提供不断上升的发展空间。

2. 建设"育心"德育课程体系

（1）构建"育心"德育课程架构，细化课程内容。

构建以"初心"课程、"润心"课程、"慧心"课程、"强心"课程四大课程为支撑的"育心"德育课程体系，下设12门子课程，教育引导学生在榜样的感召下拥有深厚的家国情怀，在分层指导下形成健康的生活习惯，在德智体美劳教育中积累丰富的文化涵养，在实践中追求真正的行知合一。

"初心"课程、"润心"课程、"慧心"课程、"强心"课程四大课程针对学生的接受能力，逐步扩展，螺旋上升，是学生从认知到实践的发展过程。"初心"感知、"润心"育人、"慧心"提能、"强心"践行，四大课程环环相扣、循序渐进，引导学生在螺旋发展中明确人生发展方向，成长为德智体美劳全面发展的社会主义建设者和接班人。

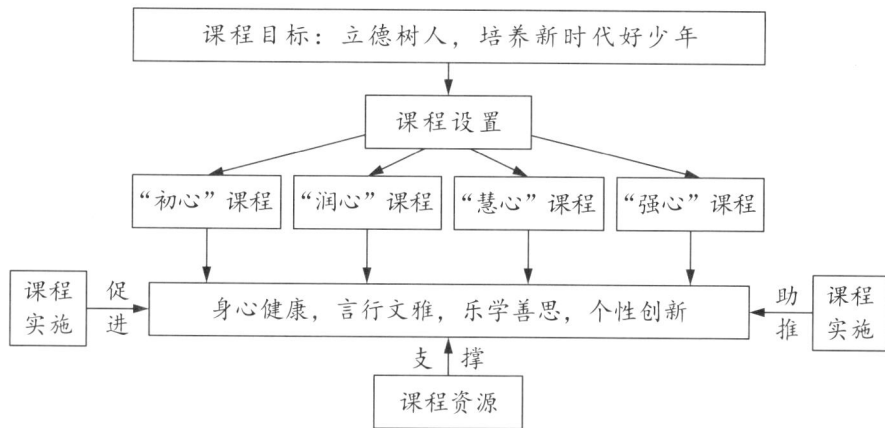

```
┌─────────────────────────────────────┐
│ 课程目标：立德树人，培养新时代好少年 │
└─────────────────────────────────────┘
              │
        ┌──────────┐
        │ 课程设置 │
        └──────────┘
    ┌──────┬──────┬──────┐
┌────────┐┌────────┐┌────────┐┌────────┐
│"初心"课程││"润心"课程││"慧心"课程││"强心"课程│
└────────┘└────────┘└────────┘└────────┘

┌──────┐ 促        ┌────────────────────────────────┐  助 ┌──────┐
│ 课程 │ 进→       │ 身心健康，言行文雅，乐学善思，个性创新 │ ←推 │ 课程 │
│ 实施 │          └────────────────────────────────┘     │ 实施 │
└──────┘                    ↑ 支 撑                        └──────┘
                      ┌──────────┐
                      │ 课程资源 │
                      └──────────┘
```

图 5—3　"育心"德育课程体系

在课程内容的设置上，突出以活动为载体，实现全人发展的教育目标。学校每年将选定一个关键词，如"美丽""力量""成长"等，活动围绕同一主题开展，引导学生发现生活中的美，积淀成长的力量。活动的组织开展要充分体现学生的意愿，根据他们的发展需要和兴趣爱好进行活动的设计与开展，润物无声，注重实效。学校德育活动的实施、开展与落实各个阶段环环相扣，设计在先，适时反馈。注重学生的参与度，力争让每个学生都有参与的机会，都能登上舞台表现自己，从而实现活动目标。

（2）完善"育心"德育校本教材，丰富课程内涵。

以"育心"德育校本教材为依托，通过学习红色故事让学生树立正确的三观；通过"一周健康生活表""小学六年我要做到的十八件事"为学生提供阶梯式生活指导建议；通过与实事、节日相融合的研学教育为学生积累丰富的文化涵养。

"初心"课程："初心"课程旨在提高学生认知，唤醒"初心"，以"初心"为基础。因此，立德树人，让道德成长成为生命成长的重要坐标，也是学校教育的首要目标。学生在道德修养课程中汲取精神养分，不断前行，不忘初心。

爱国主义课。学校以"爱"为出发点和归宿点，通过讲党史、唱红歌、讲红色藏品背后的故事、参观纪念馆等"红色励志行"系列活动，唤起学生对祖国、对人民的深厚感情。

道德教育课。学校积极通过"中华二十四孝故事"各类主题演讲、"美丽在身边"国旗下讲话、解读雷锋精神、"他们的时间去哪了"感恩活动等形式塑造新一代小公民的道德素养。

感恩慈善课。"小微尘"社团是学校多年的爱心名片。学校少先队通过义卖、置换、募捐等方式为白血病儿童、汶川陈家坝孤儿、贫困残疾人、临沂山区儿童捐款捐物，让学生在奉献中体验"让爱传出去"的善心善德。

案例：爱国主义课——"追寻课本里的红色记忆"课本剧大赛

每年，学校都会借儿童节的契机举办校园戏剧节，全校班级全部参与。一个个生动的英雄故事，一个个动人的红色记忆，学生用真心写下对英雄的崇敬，用热情演绎对红色记忆的追寻。在以往的"六一"儿童节中，学校举行过"追寻课本里的红色记忆"课本剧大赛，参演的剧目有《小英雄雨来》《刘胡兰》《王二小》《鸡毛信》《丰碑》《军神》等。每年的戏剧节展演中，小"演员"们将人物的情感表现得淋漓尽致，有的饱含深情，有的欢乐明快，有的幽默诙谐，有的庄严肃穆，使得台下的观众也随着剧情或欢呼雀跃，或屏息凝神，或深受感动。这样的戏剧节展演将课本剧与红色经典相结合，给学生上了一堂生动的爱国主义课，让学生有机会回眸往昔，感怀未来，坚定地以英雄先辈为榜样，将红色精神永远传承。

"润心"课程："润心"课程是在"初心"课程的基础上，对学生进行春风化雨般的德育熏陶。"润心"课程是为生活做准备，为人走向社会做准备的课程，立足生活与社会才是学生发展真正需要的教育。

文明礼仪课。学校以"我与文明习惯的十个约定"为起点，通过多种创新性评价，落实对学生文明习惯的养成。学校还计划邀请国家女子柔道队陪练、五星级酒店西餐大厨、青岛公交集团 2 路车队"姐妹班"等行业精英，为学生从多角度展示丰富的礼仪文化。

生活指导课。学校专门开设了生活指导课，先后规划了一周快乐生活表及"小学 6 年我要做到的 18 件事"。学校为学生一周的生活安排了阅读、健身、艺术等 7 个主题，又为不同年龄阶段的学生提出了阶梯式"生活技能"指导建议，并通过微课程的形式向学生传授 18 个生活好习惯。

心灵成长课。学校依托自主开发的"心灵 SPA"心理健康课程教材，培养学生乐观积极的生活态度。学生从踏入学校的第一天起，就有"入校课程"，旨在让他们适应小学生活；有"入队课程"见证自己第一次佩戴上鲜艳的红领巾；也有"十岁课程"呵护每一份童年梦想；还有"离校课程"为师生留下难舍的记忆。每年举办的"放飞心灵"心理教育展示活动，是学校、教师、家长、学生共同表达内心情感、共同关注内心成长的盛会。

"慧心"课程："慧心"课程旨在提能，培养"秀外慧中、身心两健、志趣高远"的慧心少年，让每个学生具有"美好的心灵、智慧的头脑、灵巧的双手、强健的体魄"，同时让学校成为师生"生活的乐园、智慧的学园、心灵的家园"，这一直是"慧心"课程的初心与目标。

快乐悦读课。学校坚持开展"缤纷悦读，五彩校园"读书系列活动，从普及阅读知识、落实阅读时间、制订阅读书目、搭建展示平台等方面为学生营造浓厚的书香氛围。"名家谈读书""我的一本课外书"栏目，向学生介绍名家与读书的故事及阅读知识；为各年级学生制订的五彩阶梯式阅读主题和必读书目，让学生在童话故事、革命经典、科普文化中流连忘返；以主题升旗仪式、诗歌朗诵会、戏剧节、读书微博、读书摘抄本、读书心得卡、读书成长册、小书虫排行榜、小小朗读者等形式促进读书感悟交流，从而形成共同的生活语言和心灵密码。

节日文化课。学校开设"四季"微课程，整合学科资源，每科教师带领学生用语言、旋律、舞蹈、运动、光影、色彩等多种方式表达对四季的感受，尊重万物更新的自然力量。学校开发的节日文化课，既有对经典文化的传承，又有对古代文化与时代文化的交融与创生。在中秋节、清明节等中国传统佳节中，学生在主题教育实践活动中体验亲情、喜悦与追念；在自导自演的戏剧节中，学生走上舞台，用生动的角色扮演，体会人物的丰富情感，感受生活的喜怒哀乐；"男孩节""女孩节"让学生对自身形成正确的认知，幸福环绕的"十岁生日"、释放天性的儿童节，传承经典的诵读节、歌声悠扬的合唱节、让人大饱口福的美食节、让心灵放飞的心理健康月，师生倾情奉献的校艺术节……一次次耳目一新的节日体验，充实了学生的童年生活。

艺术欣赏课。正确的审美来自高雅氛围的熏陶，也来自专业知识的学习。广播里，有优美清新的音乐迎接走进校园的师生；展板上，长廊中，社区里，有学生以"一叶知秋""一花一语"为主题的摄影、绘画、剪纸作品及科技建筑模型展览。戏剧社团中，有老师引人入胜的艺术讲解。无处不在的艺术之美带领学生初步感知音乐、绘画、摄影、戏剧等艺术形式的魅力。

案例：节日文化课——"缅怀先烈志，共铸中华魂"清明节系

列活动

每年清明节前夕，学校都会组织开展"缅怀先烈志，共铸中华魂"清明节系列研学活动。结合"主题升旗日"，学校会组织中队进行国旗下讲话，号召全体少先队员要树立远大理想，坚定爱党、爱国、爱社会主义的信念，从一点一滴做起，用自己的实际行动，争做时代小先锋，为国旗添彩、为祖国争光。同时，学校还会开展"追寻清明源"活动，让少先队员积极了解清明节的起源、习俗、传说、故事等，深入挖掘清明节蕴含的人文精神，感受中华民族文化的魅力与丰富内涵。每年的"清明诗词汇"也是学生最为期待的活动之一，通过清明节诗词诵读活动，学生度过了一个诗意盎然的清明节。低年级组织"童心画彩蛋"，根据清明节当天吃鸡蛋寓意一整年身体健康、家庭幸福美满的民间习俗，充分发挥想象力，通过"绘彩蛋"的形式感受清明节的习俗；高年级开展"感恩致英雄"活动，通过"先辈，我想对您说"活动，学生将自己的感言写到卡片上，墨笔丹青凝聚着对革命先烈的敬仰，以此表达自己的感恩之情和报国之志。

"强心"课程：唯有从实践中得到并被实践所检验的知识才是能够被内化并成为智慧和能力的。"强心"课程旨在通过实践的方式，让德育课程真正入心，并最终化为行动。

安全法制课。学校坚持教好"安全守法课"，利用防震减灾日、"119"消防日、"124"国家宪法日等契机，定期进行逃生演练、法治宣讲，为每个学生准备生命自救卡，并向班级赠送图书《皮皮鲁送你100条命》。急救中心医生、北大法学院优秀毕业生以及学校法制副校长将分批次做客"洮小讲坛"，通过带领学生走进人民法院、参观消防博物馆、阅读"连环漫画"等寓教于乐的方式对学生进行生命自护与法制教育。

环境保护课。学校通过富有实效的创新活动、着眼细微的养成教育以及走向社会的环保宣传，不断提高学生的环保意识与能力。利用"世界勤俭日""城市无车日"等节日契机，设计"假如我只有一杯水"创意用水头脑风暴、"我为小鱼找个家"科学水实验、"一滴水的旅行"研究性学习，制订科学一日饮水时间表、自助餐式的环保寒假作业、"水娃娃"故事绘本等活动。学校坚持于细节中教育，设有专门分类垃圾箱，由"环保小组"随时监督检查班级垃圾分类的开展情况，同时做好节能宣传垃圾分类主题教育活动，尤其是将垃圾分类与午餐相结合，坚持"光盘行动"。

社会实践课。请进来的"洮小讲坛"和走出去的"社会课堂"拓展了校内课程的教育资源，让学生拥有更多的与历史、文学以及各行各业精英对话的机会。学校将邀请各界精英做客"洮小讲坛"，赋予学生更多可能性，增加人生的选择；丰富多彩的"主题研学"活动，让学生有机会走出校园，走进青岛市档案局、青岛市博物馆、青岛市党史纪念馆、一战博物馆、比如世界、青岛民俗村等多处社会课堂，让学生获得在社会生活中调查研究和体验的机会。

案例：环境保护课——"滴水在指尖，节水在心田"节水宣传月系列活动

学校以实施国家节水行动为主线，以提升师生节水意识为目的，组织开展了丰富多彩的节水宣传教育活动，引领全校师生及家长朋友形成珍惜水、节约水和爱护水的良好风尚。

活动1："节水"广宣传。结合升旗仪式，组织中队进行"小手拉大手 节约水资源"主题演讲，进一步加强学生的节水观念，培养学生树立自觉节水、护水、爱水的意识，号召学生用实际行动保护我们赖以生存的地球。

活动2："节水"我先行。每年组织全校开展"童眼看水"主

题中队会，少先队员们用生动的故事、图片让身处沿海城市的学生体会缺水、少水地区生活的艰难。图片上一张张渴望水的脸庞，一双双期盼水的眼睛，十分震撼，学生不禁发出感慨，"一滴水是那么珍贵""一滴水加一滴水就是一片绿洲"。

活动3：七彩画"节水"。"我是一个小水滴，虽然我很小但是很宝贵，请您珍惜我，合理利用我。"节水是一种美德，节水是一种智慧。少先队员们化身宣传员，尝试用自己的画笔绘制节水宣传画，呼吁身边的每一个人从一点一滴开始，珍惜水资源、保护环境。用一张张手抄报画出绿水青山、蓝天大海，美好家园，透过一份份饱含真挚情感的文字，呼吁大家行动起来，珍惜水资源，保护水资源。

活动4："节水"有妙招。实践出真知，引导少先队员们用实际行动践行节水意识，做家庭节水监督员，与爸爸妈妈一起加入节水、护水的行列中。

八、有效评价，建立德育长效机制

人人都渴望被认同、被肯定，更不用说处于成长的少年儿童。以学生为基点，从学生的发展需求出发，经过理论学习、探索实践和反复论证，学校总结得出一套真正能促进学生全面发展、实现学生幸福成长的课程评价体系，激励不同层次的学生获得成功的体验，给予不同潜能的学生空间最大的发展空间。通过多彩的评价，鼓励学生做最好的自己，点亮学生的幸福童年，让每个学生都能在学校生活中有所收获。

1. 多维度评价覆盖全体学生

学校充分发挥心理健康特色教育优势，从多元智能理论出发，注重课程评价的多维度、多视角，从心理上激发学生的积极性，关注每个学生的成长，重视对学生自信心的培养和自我价值感的实现。学校从团体与个体两个维度对学生展开评价，其中团体评价分为班级评价和家庭评价两部分，个体评价则采用他人评价与自我评价相结合的方式。

（1）趣味横生的班级评价。为培养学生良好的礼仪习惯和卫生习惯，学校从儿童的心理特征和年龄特点出发，一改传统的评价模式，创造性地推出学生喜闻乐见、生动有趣的评价方式提高了他们的积极性。评价方式的转变消除了学生时时被监督、被管理的感觉，取而代之的是在努力中感受"播种今天、收获明天，播种文明、收获尊重，播种辛劳，收获幸福"的人生道理。这种评价方式既让学生在竞争中形成集体意识，又在集体管理中增强了自我约束。

（2）和谐美满的幸福家庭评价。为进一步提升家庭文明和谐程度，更好地创设温馨祥和的家庭氛围，与学校形成相得益彰的教育合力，学校从班级层面进行了美德家庭的评选，各班利用展板对入选家庭的全家福及家庭美德宣言进行了展示；同时，学校还选取了父母与孩子幸福瞬间的照片布置在教学楼内，并在学校一年一度的"心理健康月"活动中进行集中展示。

（3）见证成长的自我评价。在获得学校、教师、家长和同伴的信任和欣赏的同时，学校还注重引导学生客观正确地进行自我认知和自我评价。学校通过创新评价载体，利用"我的小小成长树""读书卡"等活动设计精美的评价卡，让学生能够及时地记录下自己的参与感受、学习收获和成长心情，形成自己的成长记录。

2. 创新方式让学生做最好的自己

学校积极为学生创造各种实践机会、搭建展示平台，同时鼓励学生"努力做最好的自己"，追求过程的体验和结果的获得。学校课程评价一直坚持使用过程性、成果性和创新性相结合的方式。

（1）润物无声的过程评价。学校为每个学生都准备了成长档案袋，将学生的课堂实践作业、获奖作品及证书等放入其中，并附有教师、家长对学生的激励性评价、学生对自我努力程度的评价以及同学之间的相互评价等内容。在实践活动中，通过师生和生生之间的过程性评价，追求快乐的参与过程，分享真实的情感体验。

（2）注重过程的成果展示。每个主题的实践活动和研究性学习完成之后，学校都会通过班级展板、学校集会、颁奖典礼等形式，对学生的手抄报、读书笔记、调研成果、手工制作、书画习作、精品作文等优秀作品进行展示。通过优秀成果的展示激发学生的兴趣，促进学生参与实践的积极性，鼓励优秀学生不断努力，同时为其他学生提供可参考的范本，进一步明确自己的努力方向，从而提升学生的整体素质。

（3）别出心裁的创新评价。"读书卡""我的小小成长树"等设计精美的评价卡让学校的课程评价突破了传统的评价方式，吸引学生主动参与到活动中，记录下学生的点滴进步；同时，学校还对在艺术、体育、科技等方面有突出表现和进步较大的学生提供一次外出游玩的机会，带领学生走出校园，亲近自然、感受自然。

3. "七彩少年"助力百花齐放

学校每月举行一次"花开校园"颁奖典礼，对于在全国、省、市、区、校获各类奖项的学生及在学校表现突出的学生进行"七彩少年"多元评价，鼓励学生在"品德、学习、艺术、体育、科技、心态和潜质"方面不断努力。在学校中，被表扬的不只是成绩优异的学生，还有进步大的学生。除了对表现突出的学生进行表彰之外，学校也重视对中等学生和学困生的自信心培养，多角度发现每位学生不同的特质，对于学生在学习生活中的每个闪光点和每一点进步予以及时表扬，让每位学生都拥有在集体中被尊重、被认可的感觉。

为激励不同层次的学生追求进步，给予不同潜能的学生最大的发展空间，学校确定了"乐乐明星"德育课程体系多元评价实施方案，力求在客观、民主而公正的基础上，评选出在"品德、学习、艺术、体育、科技、心态和潜质"方面表现突出的学生，从而带动更多学生实现全面发展。

"乐乐明星"中的"七彩"为阳光之色，取意于毛泽东诗词《菩萨蛮 大柏地》中的首句"赤橙黄绿青蓝紫，谁持彩练当空舞"，表达了一种积极迎接挑战的阳光心态和胸怀美好理想的坚定信念。"乐乐明星"评价体系中，将赤、橙、黄、绿、青、蓝、紫七种颜色赋予了七种不同的主题，他们分别是红色"美德少年"、蓝色"乐学少年"、紫色"艺术少年"、黄色"运动少年"、青色"科创少年"、橙色"奋进少年"和绿色"潜力少年"。

（1）红色"美德少年"：上善若水，厚德载物。红色——赤诚之色，象征少年如初升的太阳，朝气蓬勃，他们有善良的内心，常怀感恩，善待万物。

（2）蓝色"乐学少年"：勤思好问，手不释卷。蓝色——天海之色，象征少年在知识的海洋中自由遨游，感受求知的快乐。

（3）紫色"艺术少年"：修身养性，多才多艺。紫色——典雅之色，寓意少年步入经典浪漫的艺术殿堂，修身养性，陶冶情操；鼓励少年参与丰富多彩的文艺活动，体验艺术，品味高雅。

（4）黄色"运动少年"：热爱生命，身格强健。黄色——光明之色，寓意阳光下快乐、健康、自信成长的少年，充满活力，享受身心和谐的健康生活。

（5）青色"科创少年"：善于思辨，乐于动手。青色——幻想之色，象征少年插上梦幻的翅膀，在想象的沃土上体验思考、探索的快乐，结出科技创新的累累硕果。

（6）橙色"奋进少年"：积极乐观，不畏挫折。橙色——温暖之色，鼓励少年乐观面对困难，积极迎接挑战，用梦想照亮现实，用今天成就明天。

（7）绿色"潜力少年"：博观约取，厚积薄发。绿色——希望之色，代表少年如一株株小树破土发芽，蓬勃生长，孕育美好的未来。

基于"育心"教育理念的小学生德育课程设计，主张关注学生已有的优秀品质，通过激发个体的潜在力量实现学生的良好发展。

第一，改变小学生参与德育课程的情绪体验。在传统的德育课程中，小学生往往处于被动接受的状态，容易产生对立与抵触情绪，即消极的、不快乐的情绪体验，这往往使德育课程浮于表面、流于形式、效果不佳。在将"育心"教育理念融入德育课程的过程中，重视德育实施者的作用，同时也重视小学生自身的重要作用。由于积极心理学是以发挥个体已具有的优秀品质作为切入点，引发的是积极的、快乐的情绪体验，德育实施者和小学生能更好地互动，在一定程度上有助于德育课程的实施，且效果更具稳定性。

第二，增加小学生参与德育课程的积极力量。积极心理学认为，在人的发展过程中，个体的主观力量很重要，但是外界因素的影响也是不容忽视的。积极心理学提倡积极的社会环境建设，认为良好的家庭环境、学校环境、社会环境人际关系环境等都可以成为影响个体发展的积极力量。小学生年龄小，易受外界因素的影响，营造积极的社会环境，发挥多种积极力量的作用，更有助于将德育课程的效果最大化、最优化。

第三，开发适合小学生德育课程的崭新路径。基于"育心"教育理念的小学生德育课程设计并不会止步于此，未来，学校将会不断探索开发，在保持德育课程的持续性和常态性的基础上多方联动，整合市北区德育资源，通过多种德育教育方式和丰富多彩的活动，开发更多德育课程，让学生在体验中厚植家国情怀，传承红色基因，坚定文化自信，提升品德修养，让学生在收获知识的同时，获得心灵滋养，实现个人价值、升华人生境界。在学校特色活动中，大力开展"一班一品一特色"活动，开发"一班一品一特色"德育校本课程，在校本课程中达到开发大脑、开阔视野、开拓思维、开启智力、启迪智慧的目的。

好的教育是拨动心弦的言外之意、弦外之音，是润物无声，是春风化雨，它能促使学生自我感悟、自我内化、积极主动，这也是我们基于"育心"教育理念的小学生德育课程的最终归旨。

我校设计了深受学生喜爱的卡通形象"乐乐"，作为活动的形象大使。争当七彩明星，感受成长与收获的快乐，对学生的评价，可以是单项的，可以是综合的，而参与评价的主体也可以是多元的。

经过整体规划的育人目标和德育内容，分步骤分层次地落实每一阶段的育人目标，改变了从前"跟着感觉走"的随意性。以"育心"为核心，学校开发了生活化的德育课程，让学生接受的德育教育与生活密切相关，让德育教育不再只是生硬刻板地说教。通过德育课程体系的建立，我校探索出一条开展公民教育的有效路径，从道德素养、文明习惯、人文修养和实践能力等方面着力提升学生的公民素养。

附 1：

"育心"劳动课程规划方案

一、背景分析

2020 年，中共中央、国务院印发《关于全面加强新时代大中小学劳动教育的意见》，对新时代劳动教育作出顶层设计和全面部署，明确了新时代劳动教育的总体目标，那就是"通过劳动教育，使学生能够理解和形成马克思主义劳动观，牢固树立劳动最光荣、劳动最崇高、劳动最伟大、劳动最美丽的观念；体会劳动创造美好生活，懂得劳动不分贵贱，热爱劳动，尊重普通劳动者，培养勤俭、奋斗、创新、奉献的劳动精神；具备满足生存发展需要的基本劳动能力，形成良好劳动习惯"。

目前，全国劳动教育现状与学生劳动素养堪忧。长期以来，劳动教育的独特育人价值在一定程度上被忽视，无论在家庭，在学校，还是在社会，劳动教育都长期被淡化、弱化、碎片化。学校教育中，片面重视书本知识记忆，忽视知识的产生和发展过程，忽视知识在生活中的实践应用等现象普遍存在。全国青少年中轻视劳动、不想劳动、不会劳动、不珍惜劳动成果的现象突出。青少年身体素质、心理素质、意志品质、生活习惯等素养的提升离不开劳动教育。

"离开劳动，就不可能有真正的教育。"劳动教育是学生成长的必要途径，具有树德、增智、强体、育美的综合育人价值。如果劳动教育一再缺位，影响的是教育的多元性，损害的是学生综合素质的养成。我校坚持德育为先，提升智育水平，加强体育美育，落实劳动教育。坚持教育与生产劳动、社会实践相结合，以劳树德、以劳增智、以劳强体、以劳育美、以劳创新，培育身心健康、全面发展的时代新人。

二、课程目标

劳动教育总体目标：通过劳动教育，使学生能够理解和形成马克思主义劳动观，牢固树立劳动最光荣、劳动最崇高、劳动最伟大、劳动最美丽的观念；体会劳动创造美好生活，体认劳动不分贵贱，热爱劳动，尊重普通劳动者，培养勤俭、奋斗、创新、奉献的劳动精神；具备满足生存发展需要的基本劳动能力，形成良好的劳动习惯。

为构建德智体美劳全面培养的教育体系，依据《关于全面加强新时代大中小学劳动教育的意见》，结合学生身心发展特点，学校确立了一至六年级学生劳动分层目标。

1. 第一学段：1～2 年级

（1）懂得人人都要劳动、劳动成果来之不易的道理。初步感知劳动的艰辛与乐趣，学会尊重他人的劳动付出。喜欢劳动，具有主动劳动、积极参加劳动的愿望。

（2）能够完成比较简单的个人物品整理与清洗，居室、教室等卫生保洁、整理与收纳以及垃圾分类等劳动任务，参与简单的家庭烹饪，形成"自己的事情自己做"的意识，具有初步的个人生活自理能力。

（3）关心、照顾身边常见动植物，初步形成关爱生命、热爱自然的意识。参与简单的手工制作活动，初步学会规范使用相应工具。对工艺制作具有一定的好奇心。

（4）参与班级集体劳动，主动维护教室内外环境卫生，初步形成以自己的劳动服务他人的意识。

（5）在劳动过程中遵守纪律，不怕脏、不怕累，具有初步的劳动安全意识，初步养成有始有终、认真劳动的习惯。

2. 第二学段：3～4 年级

（1）懂得"一分耕耘，一分收获"的道理，体会劳动光荣、劳动无高低贵贱之分的道理，认识到美好生活离不开各行各业的劳动者。尊重劳动，尊重普通劳动者，初步形成热爱劳动的态度。

（2）养成良好的个人清洁卫生习惯。主动分担家务，协助参与家庭环境卫生清洁，能制作简单的日常饮食，初步学会简单的家务劳动技能，形成生活自理能力。

（3）初步体验简单的种植、养殖、手工制作等生产劳动，能规范地使用常用的劳动工具，了解常用材料的作用与特征，对劳动过程中遇到的问题保持好奇心和探究欲望。

（4）参加校园卫生保洁、垃圾分类处理、绿化美化等劳动，适当参加社区环保、公共卫生维护等力所能及的公益劳动，初步体验简单的现代服务业劳动，初步形成公共服务意识。

（5）懂得在劳动中遵规守约，初步学会与他人合作劳动。珍惜劳动成果，初步养成有始有终、专心致志的劳动习惯和品质。

（6）在劳动过程和日常生活中做到勤俭节约、不怕困难。

3. 第三学段：5～6 年级

（1）懂得劳动创造财富、劳动来不得半点虚假、"业精于勤荒于嬉"等道理。认识到劳动者是国家的主人，"三百六十行，行行出状元"，体会普通劳动者的光荣与伟大。初步树立劳动最光荣、劳动最崇高、劳动最伟大、劳动最美丽的观念。

（2）掌握家庭生活中常用的清洁与卫生、整理与收纳基本技能。了解家庭常用器具的功能特点，规范、安全地操作与使用。初步掌握基本的家庭饮食烹饪技法，制作简单的家常餐，具有食品安全意识。进一步增强生活自理能力和家务劳动能力，初步具有家庭责任感。

（3）进一步体验种植、养殖、手工制作等生产劳动，能根据劳动任务选择合适的材料和工具、技术与方法，安全、规范、有效地开展劳动，初步养成持之以恒的劳动品质。

（4）主动参加校园卫生保洁和环境美化等劳动，积极参加社区环保、公共卫生维护等力所能及的公益劳动，进一步体验新技术支持下的现代服务业劳动，形成关爱他人、积极参与社区建设的劳动意识和能力，增强公共服务意识，初步形成社会责任感。

（5）根据劳动目标确定劳动任务，制订劳动计划，并根据劳动过程的进展情况适时优化调整，初步形成劳动效率意识和劳动质量意识，初步形成爱岗敬业、乐于奉献的精神。

（6）在集体劳动中团结协作，提升与他人合作劳动的能力。在劳动过程中自觉遵守劳动纪律，形成诚实劳动、合法劳动的意识。

（7）在劳动中主动克服困难，初步形成不怕辛苦、积极探索、追求创新的精神。

三、课程结构与设置

学校以陶行知的"生活教育"为理论基础和教育切入口，提供给每位学生能够适应未来生活的知识、能力与智慧。在充分结合校情的基础上，以学校文化为引领、以课程建设为核心，以活动育人为抓手，对学校劳动教育实施路径与策略进行了系统设计。

该《意见》强调："劳动教育是国民教育体系的重要内容，是学生成长的必要途径，具有树德、增智、强体、育美的综合育人价值。"揭示了五育之间的内在联系与相互融合、相互促进的发展规律。学校围绕以劳育人育心的核心理念，遵循"以劳树德、以劳增智、以劳强体、以劳育美、以劳创新"的课程宗旨，结合 6 至 12 岁儿童的身心发展规律，对劳动教育课程体系进行系统架构，先后制订了洮南路小学《一周快乐生活表》及"小学 6 年我要做到的 18 件事"，并分别融合在"劳习养正课、劳动训练营、劳动志愿岗、劳动科创课"四类课程群中，助力学生健康快乐成长。

一是以"启蒙劳动意识、传承劳动文化"为理念的"劳习养正课"，主要对象为低年级学生。低年段的孩子注意力具有灵活性和转移性等特征，思维方式主要以具体形象思维为主，因此，其课程内容主要包括"初入小学、生活整理、快乐时光"3 个门类。主要目的在于启蒙学生的劳动意识，帮助学生在入学之初培养良好的习惯，校园生活能够自理，为孩子奠定劳动根基。

二是以"培养劳动技能、丰富劳动体验"为理念的"劳动训练营"。顾名思义，此类课程群侧重实操，重点强化实践体验、让学生亲历劳动过程，学会与他人合作劳动，体会到劳动最光荣。其课程内容主要包括"五一劳动周、家务小能手、校园劳动日、中华小稻农、'男孩计划'军训体验"5 个门类，通过沉浸式、探究式、体验式劳作，丰富劳动体验，提升劳动素养。

三是以"献力劳动公益、历练劳动品质"为理念的"劳动志愿岗"，重点针对中高年级学生开设，包含"班级服务志愿岗、校园劳动志愿岗、社区公益我能行"3 个门类。从班级清洁维护、校园公共卫生清扫、社区公益等力所能及的公益劳动着手，增强学生的公共服务意识。

四是以"激发劳动创造、体验劳动价值"为理念的"劳动科创课"。该课程旨在提高学生创造性劳动能力，培养科学精神，让学生在多元化的劳动课程中认知、体验、探究、创造，让学生感悟劳动新形态，在劳动教育课程中实现知行合一、学创融通，包含"人工智能编程、3D 智慧打印、当代小鲁班、环保健康新生活"4 个门类。这些活动面向未来，培养学生综合运用科学知识，融汇书本与实践知识的能力，以适应快速变化的社会生活。

四、课程实施

劳动教育课程要落地实施，一定要立足校情，回归育人本质，与学校内涵发展有机融入，深度融通，让学校劳动课程逐渐步入常态实施的轨道。

（一）落实常规保障学科课程落地

1. 开齐开足课程

劳动教育是大中小学必修课程，与学科课程并列设置，也是大中小学课程体系的重要组成部分。新版劳动课程标准强调，劳动课程是实施劳动教育的重要途径，在劳动教育中发挥主导作用。学校是劳动教育的实施主体，要开齐开足课程，不得挤占、挪用课时。学校将严格落实国家课程设置方案，完善教学常规管理机制，加大课堂巡查力度，抓实教学常规管理，严格落实每周每班不少于1课时的劳动课教学任务。

2. 做好师资建设

学校还要做好劳动教师师资队伍建设，在缺乏劳动教育专职教师的基础上，充分发挥兼职劳动教师的作用，整合语文、数学、英语、科学等学科课程中有关劳动教育的知识及资源，让每位教师都成为劳动课程的设计者、实施者、参与者。开发劳动教育校本教材，将劳动观念、劳动精神、劳动技能、劳动习惯等教育教学内容有机整合，形成序列，分段实施。同时，学校还可以积极聘请社会各行各业中的优秀代表以及家长中的劳动代表来担任学校劳动教育的兼职教师。

3. 整合各项资源

把劳动教育贯穿学生学习生活的全过程，充分利用食堂、教学区、活动区等各类场地以及劳动技能大赛、植树节、学雷锋志愿服务等各种活动，让学生深入劳动场合，多观察，多动手，多研究，多交流，多出力，多流汗。要让学生在劳动中掌握劳动的知识，提高劳动的技能，感受劳动的乐趣，体会劳动的不易，享受劳动的成果；加强学科融合，充分发挥不同学科的劳动教育功能；充分利用社会资源、研学资源精心策划，适时开展农业生产、工业体验、公益服务等关于劳动教育的调查、参观、实践、探究活动。

（二）"四项融合"探寻劳动教育实施策略

1. 与学校德育活动相融合

劳动教育是学生德育的重要组成部分，一个人的劳动态度、习惯和能力以及对别人劳动成果的认识，会直接决定他对劳动人民、劳动成果是否尊重。学校要把升旗仪式、主题班队会、晨会、红领巾广播站等德育阵地作为劳动教育的重要载体，常态化开展劳动主题教育活动。以"五一"劳动周为例，可设计"我是家务小能手""劳动之星"等活动；在学校每月文化墙展示评比中，开辟劳动日展示专栏；在每学期开学第一个月进行"生活整理基本功大赛""劳动技能大赛""我是劳动小达人"等活动；在学生寒、暑假实践手册上设计与劳动实践相结合的板块。

2. 与学科教学相融合

在学科教学中，找到与劳动教育的结合点，是实现"以劳增智"的关键。小学的劳动课中有一部分是手工制作类，如陶泥、缝制、编织、刺绣，可以将这些手工制作类课程与美育学科相融合，以此组织学生进行美的创造。劳动课中的科技制作，是培养学生爱科学、学科学、用科学的天地。科学课中的部分制作类课程可与劳动制作相结合，调动学生动手、动脑的积极性，如热气球、小开关、小缆车的制作等。

3. 与家庭教育相融合

学校能够给学生安排的劳动时间和机会有限，因此，加强劳动教育不能只依靠学校。该《意见》中的劳动教育基本原则之一就是整合家庭、学校、社会各方面力量。家庭劳动教育要日常化，学校劳动教育要规范化，社会劳动教育要多样化，形成协同育人格局。因此，学校要加强家校沟通，凝聚家校合力，引导学生重视家务劳动。同时，组织教师编制《小学生家务劳动指南》，指导家庭教育，发挥家庭教育协同育人的力量，继续推广实施"小学6年我要做到的18件事"，充分利用清单，让劳动作业更加序列化、规范化、生活化。在学期中和学期末开展"劳模家庭"等系列竞赛与评选活动。

4. 与学生素质评价相融合

为促进学生全面发展，学校将每学期的"美丽洮小、群星闪耀"学生增星创美活动评定划分为十个维度，并将劳动素养纳入学生综合素质评价中，以"学生成长记录手册""研学手册""家务劳动日打卡"等方式开展学生评价。

五、课程评价

学校对整个劳动课程的实施与落实等各个阶段设计精细、环环相扣、反馈适时，并通过多元化的评价充分调动学生参与的积极性与主动性。

(一) 评价内容

采用多样化评价方法，将平时表现评价和阶段综合评价贯穿于劳动课程实施始终，评价内容紧扣课程目标、内容和劳动素养要求，客观准确地反映学生在真实情境下表现出的劳动素养水平。阶段综合评价根据学生年龄特征和培养目标，差异化设置劳动课评价内容。

(二) 评价形式

1. 学生自评

学生自评劳动成绩，以提高自我认识能力，培养其正确认识自我、正确对待他人和虚心向人求教的品质。

2. 学生互评

班内开展学生互评，作为最终评价劳动小能手的指标之一。

3. 家长评价

家长通过学生素质评价手册的填写，对学生假期的劳动实践进行评价，一方面促使家长改变以分数为重的传统教育观念，另一方面也能密切家校联系，促使家长参与到学生的教育中，达到家庭教育与学校教育同步进行的目的。

4. 教师评定

教师评定是延续教育动机产生良好效果的关键环节。教师评定在学生劳动能力评价中占据关键地位，教师评定结果也直接指明学生下一步努力的方向。

5. 学校评定

学校评定侧重对集体、中队劳动成果的评价。学校定期举行"最美班级""劳动小能手""最美志愿者""环保小卫士"等的评选，既给学生提供了展示劳动成果的机会，也可以进一步促进劳动教育的良性互动。

六、课程保障

(一) 组织保障

成立以校长为组长、主管教学副校长为责任副组长的劳动课程领导小组，对现有关于劳动课程及实施的制度进行规划和修订，坚决将劳动课程实施落地。学校按照平均每周不少于 1 课时的要求，独立开设劳动教育必修课，安排劳动教育活动，做到每学期一个劳动周、每月一个劳动日、每周一次校内集体劳动。

（二）机制保障

1. 国家课程的运作机制

学校成立劳动教研组，设一个教研组长，教研组按授课年级在每个年级中设一个备课组长。由教研组长主持、召集教研组的活动，每周进行一次劳动教研活动，学习新课标、教育理论，钻研教材、改进教法，研究备、教、辅、改、考、析、评等活动。

2. 校本课程

所有教师可自主申报，进行校本课程开发，统一提交方案，由校本课程审议组进行审议、评比，择选优秀校本课程，组织骨干教师进一步研发，形成学校精品劳动课程，并在教学中进行实践与完善。结合学校奖励条例，设定教科研工作奖，对学年度积极从事劳动教育教学研究成果显著者，学校给予一定奖励，并在学年度考核中予以优先考虑。

3. 制度保障

学校工作领导小组认真开展现场研讨，对照问题，将责任落实到部门与个人，完善工作制度。以制度规范工作，在劳动课程规划、授课安排、活动组织、评价方案等方面不断细化，为劳动课程的稳步推进和正常运行提供保障。

4. 资源保障

传统劳动思想强调耕读传家、亦工亦学，蕴含以行践知、求索致道的育人目的，侧重修身养性。现代劳动思想强调砥砺创新、生活运用，蕴含学习思想、锤炼精神和培育能力的目标，侧重专业发展。只有融合两类课程资源，才能培育具有独特劳动品质的劳动者。因此，学校将校外校内联通，汇注协同性课程资源。通过校企联合、校社共建等方式，创建和确立劳育社会实践基地，实现劳育项目与专业场域零距离、劳育内容与使用标准零距离、资源开发与社会发展零距离，在社会环境中撷取、使用、检验和改进劳动课程资源。线上线下融合，打造双驱性课程资源。实现体系共建、资源共享、经验共鸣，不断完善线上课程超市。学校依托课题研究开展交流与实践，探索信息技术支持下的新时代学校劳动课程资源开发新机制、新模式。

自 2010 年起，根据学生的成长需要，学校先后制订了一周快乐生活表指导方案及评价办法、"小学 6 年我要做到的 18 件事"进阶式生活指导建议，并在十余年的劳动教育过程中，不断补充完善，不断丰富发展，逐步形成了以全员性、进阶性、体验性为原则，以培养劳动素养为目标的"趣劳动•慧成长"劳动校本课程，使学校的劳动教育更具指导意义，切实提高学生劳动技能与生活品质。

2020 年，全国首套由地方教科研部门编写的劳动教育教材——青岛市《劳动教育（实验）》教材开始在我校正式使用。作为青岛市首批劳动教育实验学校，我们尝试在把劳动教育校本化，在"趣劳动•慧成长"课程的教材中，力求最大限度贴近学生的实际生活、实际环境和实际需求。在教学设计中，选择贴近学生的生活素材、情境创设和问题设计，以学生的生活为基础进行劳动教育；考虑学生的年龄特点、知识储备和生活经验，使劳动教育与学生的实际生活相联系；同时，注重联系学生的家庭生活、学校生活和社会公共生活，使劳动教育与学生的社会实践相融合。

附 2:

小学 6 年我要做到的 18 件事

低年级:

(1) 我能自己设定闹钟, 并按时起床。

(2) 我能自己剥鸡蛋。只要找到窍门, 这对我来说是"小菜一碟"。

(3) 我能自己整理文具和书包, 这是良好学习习惯的一部分。

(4) 我能自己扫地和擦地。

(5) 我睡前能自己洗脸、洗脚、洗袜子。

(6) 我能记住爸爸妈妈的手机号及 110 报警电话、120 急救电话和 119 救火电话。遇到紧急情况时我会在第一时间寻求帮助。

中年级:

(1) 我能自己快速地穿好衣服, 这样就不必麻烦爸爸妈妈了。

(2) 我能在吃饭时帮助家人布置和收拾碗筷。和家人一起用餐是一天中最美好的时光。

(3) 我能自己洗澡, 这对于提高手脚协调能力有很大的帮助。

(4) 我能将所用物品归位, 会整理被褥、书桌和书柜。整洁的房间会让我成为一个有条理的人。

(5) 我能根据天气的变化, 安排好自己日常穿戴的衣物。

(6) 我能够认识并辨别 20 种动物或植物, 并能简单地描述它们的主要特征。

高年级：

（1）我能坚持每天收看新闻联播和读书看报，这会让我成为一个关心时事、博多学识的人。

（2）我能自己在超市选购日常用品，学会"货比三家"，这可是数学知识的妙用。

（3）我能挑选常见的蔬菜，并会正确地择菜和洗菜。因为只有经过正确的清洗和烹饪，蔬菜的营养价值才会最大限度地被保留。

（4）我能认识并正确服用治疗咳嗽、鼻塞、腹泻、发烧等常见症状的药物。

（5）我能做两三道简单的菜肴，如西红柿炒鸡蛋、凉拌黄瓜，美食会让我的生活更有情趣，和好朋友小聚时还可以一显身手。

（6）我能坚持养活一株植物或一种小动物，这让我懂得呵护与陪伴的重要性。

附3:

"我是小巧手"劳动技能大赛

近年来,对小学生劳动能力的培养越来越被学校和家庭重视。通过丰富的活动提高学生的劳动能力,在活动中激发学生的劳动热情,培养学生的动手能力和自理自立是非常重要的。如何让学生从小养成"自己的事情自己做"的好习惯,需要老师和家长通力配合。每年一度的"我是小巧手"学生劳动技能大赛,给学生搭建了一个展示自我的舞台。学生在家中练习一段时间后,学校拉开了技能大赛的帷幕。

一、比赛内容

一年级:穿衬衣叠衬衣。

二年级:整理书包。

三年级:新鞋穿鞋带、系鞋带。

四年级:夹花生米。

五年级:钉衣扣。

六年级:缝沙包。

二、比赛细则及要求

各班在班级内进行初赛,全班人人参与,选出两名优胜选手参加决赛。两名初赛优胜选手及两名现场抽取学号的学生,共四人参加决赛。

各年级比赛形式:

一年级:穿衬衣叠衬衣(5扣衬衣)

比赛时间:计时。

比赛规则:学生自备衬衣(最少是5个扣子的衬衣),听到

"开始"的口令后，让学生将衬衣穿上，系好扣子。由队干部检查全部参赛选手系好扣子并合格后，再将衬衣脱下来叠整齐。

评判标准：穿衣服时，扣子系得迅速、完整，叠衣服要求将衣服叠的整齐美观，用时最短者获胜。

二年级：整理书包

比赛时间：计时。

比赛规则：将书包里所有的课本、学具放在课桌上，比赛前由大队干部将参赛选手的课本打乱顺序，然后大屏幕展示当天的课程表，要求选手看着课程表，将所需要的课本、学具放到书包内。

评判标准：能够按课程表将课本、学具整齐地装进书包内。用时最短者获胜。

三年级：新鞋穿鞋带、系鞋带（学校提供新鞋）

比赛时间：计时。

比赛规则：将鞋摆放在桌上，先穿好鞋带，然后系好鞋带（不需要往脚上穿），要求鞋带系得整齐美观。按用时长短评优。

四年级：夹花生米

比赛时间：1分钟。

比赛规则：每人准备30粒花生米，听到开始的口令后，用筷子夹花生米。

评判标准：在规定时间内将花生米夹到容器内，数量多者获胜。

五年级：钉衣扣

比赛时间：2分钟。

比赛规则：每名参赛选手准备5个扣子、一根缝衣针和棉线若干。听到"开始"的口令后，先把棉线穿过针眼，在布条上钉好扣子后打结。

评判标准：根据钉好扣子的个数进行评优，同时考察扣子是否牢固。

六年级：缝沙包

比赛时间：计时。

比赛规则：提前剪裁好布料、缝衣针和棉线。沙包大小固定边长为 8 厘米。听到开始的口令后，先把棉线穿过针眼，缝制好沙包后，将固体小颗粒放入沙包内。

评判标准：缝制完的沙包应周正不偏斜，呈立方体，小颗粒不撒漏。

附 4:

寻找身边平凡的劳动美

让我们一起发现生活中的典型榜样,用榜样的力量带动全体学生热爱劳动,增强社会责任感,使"劳动"真正根植于学生的内心。

活动时间:建议 40 分钟为宜。

【我们一起来学习】

同学们,你们知道"五一"劳动节吗?这是一个特殊的节日,它是专门为劳动者设立的。即便在节假日,有很多特殊岗位的劳动者依然坚守在自己的岗位上辛勤地工作着。你们能举几个例子说明一下,哪些职业有这样的特殊性吗?

【学习目标】

(1)知道各行各业的劳动者,都是人类社会物质财富和精神财富的创造者。学会珍惜劳动成果,体会劳动的意义。

(2)知道劳动没有高低贵贱之分,学会热爱劳动,尊重劳动者。

(3)树立平等的劳动观,尊重所有劳动者。

【课程准备】

(1)思考:是谁为我们创造了这些物质和精神财富?

(2)身边的劳动者。

让我们来说一说自己父母的职业。请同学们在小组内分享一下,自己的父母是做什么工作的?主要承担什么样的任务?父母的工作辛苦吗?

(3)劳动不分高低贵贱。

平凡的劳动者在他们的岗位上默默付出，他们是可敬的，那你们认为以下的同学做法对吗？

小明的爷爷是一位科学家，曾经为国家的原子弹研究做出过重要贡献，所以应该受到全社会的尊重；小红的爷爷是一位以种地为生的普通农民，他在农村种了一辈子庄稼，所以不需要大家的尊重。（　）

小亮的妈妈是医院的有名的"一把刀"，手术水平非常高，他经常在学校谈论妈妈的工作，生怕大家不知道他妈妈是谁；小丽的爸爸是一位垃圾清运工人，每次爸爸到学校参加家长会，她总是抬不起头来。（　）

你们怎么评价上述同学的做法？

【评价标准】

让我们一起来找一找身边平凡的劳动者吧！

【我的收获】

劳动无贵贱之分，劳动者都是光荣的，只是分工不同。

劳动创造、丰富、美丽了整个世界，也组成了我们的生活。

同学们，榜样的力量是无穷的。在平凡的岗位上做出不平凡的事迹就是我们心目中的最美劳动者。各个行业，都有它特殊的意义和价值。

让我们一起用自己的双肩扛起责任，用自己的汗水致敬职责，用自己的善良回报社会，因为劳动最光荣。

附 5：

我是自理小能人

自理能力，就是自己能照顾好自己、服务自我的能力，它是我们每一个人应该具备的生活技能。在成长的过程中，我们要熟练掌握基本生活技能，从而提高动手能力和认知能力，树立自理自立的优秀品质，在劳动中学会责任与担当，体谅父母的辛苦，养成良好的劳动素养。

活动时间：建议 40 分钟为宜。

【我们一起来学习】

天气变化，我们该如何合理增减衣物？换下的衣服怎样清洗干净呢？让我们一起跟着乐乐开启今天的劳动之旅吧。

【学习目标】

（1）根据天气增减衣物，并合理搭配；能掌握正确的清洗衣物的方法。

（2）培养做好力所能及的事情的能力，学会为自己与家人服务。

（3）在劳动中体悟父母的辛苦，有感恩之心，养成主动打理自己与家人生活的习惯。

【动起来吧】

1. 天气变化，穿衣要注意

季节交替时，同学们可一定要注意及时增减衣物，这样可以尽量避免感冒发热，你们知道怎样合理选择或增减衣物吗？请说说你们的想法吧。

（1）如果是晴天，早晚需要注意保暖。

季节交替之际，早晚温差比较大，切忌贪凉。

（2）如果是阴雨天气，最好看看具体的天气预报。

目前有很多手机 APP、气象网站能够提供这项服务，我们可以看到当地 24 小时的天气预报，中国天气通可以随时了解气温变化和穿衣服等方面的提示。

（3）如果遇到低温天气，要戴棉帽，注意保暖。

低温天气，我们穿上厚厚的服装保暖，身体的热量容易从头、手等暴露部位流失，所以头部和手部的保暖非常重要。戴帽子和手套能帮助我们保暖，帽子要能护住耳朵，儿童更应注意随时戴帽子。

（4）天冷着装，并非越厚越好，穿衣服也要讲究"层"数。

要知道，衣服本身并不发热，它只起到保温与隔离的作用，一定程度上阻碍和缓冲冷空气和身体热量之间的对流。但是，并不是衣服穿得越厚越好，穿衣过多会影响体温调节机能的适应性，所以穿衣要适宜。

2. 换洗衣物，我来洗干净

◇材料准备

（1）盆子（根据衣服的多少、类别来选择，建议至少两个到三个）。

（2）准备洗衣粉或洗衣液、肥皂（建议小件衣物只用肥皂即可）。准备工作要提前做好，我们才能事半功倍。

◇步骤方法

具体的步骤方法，如表 5-2 所示。

表 5－2　清洗衣物具体步骤

	方法	注意事项
衣服分类	要有分类的意识：内衣裤为一类；上衣和下衣分开摆放，各为一类；掉色的衣服单独挑出来	先洗贴身衣物，再洗上衣和下衣，最后洗掉色的衣物
清洗	1. 用盆接适量清水或温水，把衣物浸泡在里面 15 分钟； 2. 在衣服表面均匀抹上肥皂揉搓，两手握住衣物两边，拳心相对来回搓	衣物的领口、袖口以及较脏部位多涂些肥皂，重点搓洗
如何拧水	左手右手各攥着衣服的一端，朝相反方向使劲，把水拧出来	不是用两手抓，而是把水挤出来
漂洗	将衣物放入清水中，轻轻揉搓洗掉泡沫，然后换水再漂洗，直到水干净无泡沫，共需要漂洗三遍左右	每次漂洗都要尽量拧干水
晾晒	1. 晾晒前，捏住上衣肩膀处或下衣裤腰处，轻轻甩振几下，使衣服平整；衣架撑进去，挂上之后，对于褶皱的地方需要再轻轻拉扯至平整，使衣物保持平整、不变形，晾干之后穿上也会显得美观整齐； 2. 悬挂时，从短至长，依次挂放； 3. 掉色的衣物单独悬挂	衣物最好晾晒里侧，可避免衣物外面被晒掉色

【评价标准】

具体评价标准如表5—3所示。

表5—3　清洗衣物评价标准

评价内容	摘星台
根据天气变化选择增减衣物	☆☆☆
学会正确洗衣服的方法	☆☆☆

【成果展示】

你们能自己准备好明天要穿的衣服吗？换下来的衣服你们洗好了吗？

【我的收获】

你们知道怎样根据天气情况合理增减衣物吗？洗衣服时我们要特别注意什么呢？

附 6：

自己的事情自己做

活动时间：建议 40 分钟为宜。

【我们一起来学习】

古语云："一屋不扫，何以扫天下。"整理房间是家务劳动的必备技能之一。整理房间，不仅能培养我们对物品进行归类的能力，而且在亲手打造干净整洁、舒适温馨的生活环境的过程中，我们能够体验到劳动的快乐和满满的成就感，让父母看到一个有条理、会思考、懂感恩、能独立的孩子。整理房间不仅仅是整理生活空间，更是整理自己的心灵，在整理的过程中，我们的内心可以变得平静，从而能够更好地安排自己的生活、规划自己的人生。

【学习目标】

（1）认识整理卧室的意义，掌握整理卧室的基本方法。

（2）学会整理卧室的方法，能够经常整理卧室，保持室内整洁卫生，逐步养成做事有条理、整理有方法、收纳有规律的生活意识。

（3）热爱生活，追求干净整洁的学习生活环境；养成及时收纳整理、分类存放的好习惯。

【动起来吧】

我们一起来整理房间吧！想一想，我们应该如何整理房间？

（一）床铺整理

1. 整理被子

（1）折被子：被子有很多种叠法，可以先把被子平铺在床上，注意反面朝上。找到被子长的一边往中心对折，然后沿着中心线再次折叠，这时被子变成一个长条形状。用同样的方法从长条两端折叠后再对折，被子就折叠成长方块，根据形状整理平整，摆放整齐即可。

（2）铺被子：站在床尾，抓住被子的一端，把被子抖开，平铺在床上，将床头一端的被头反折 30 厘米左右，最后抚平褶皱。

2. 摆放枕头

把枕头拿起来，抖一抖，将压实的枕头拍松。把枕头套抚平，将每个枕头叠放整齐，可以放在床头上，也可以放在叠好的被子上面，最后把枕巾平铺在枕头上。

3. 整理床单

在床的两侧，抓住床单的长边，把床单拉平，在床的两边都垂下相同的长度。

4. 做好收尾工作

整理床上的其他物品，如睡衣，叠好放齐。床铺有褶皱的地方再理一理，同时做好卧室的开窗通风。

（二）扫地妙招

（1）扫地的方向：扫地时从屋子的里面向外面扫，从角落往中间扫，这样能够不留死角。

（2）扫地的力度：扫地时不必用太大的力气，因为扫地主要是扫地面的一些杂物、碎屑，而且笤帚的丝缕柔软，用力太大反而效果不好。

（3）扫地的动作：使用笤帚时方向要尽量贴近地面，不要甩着使用，否则会导致尘土飞扬，杂物也被扫出很远。

（4）省力的妙招：屋子面积大的话要扫成一堆用簸箕清理干净，以免用笤帚一直推着大堆的杂物走。

（5）干净的关键：扫完整个屋子，再检查下哪个地方有漏下的或者杂物没扫干净，再去扫一扫。

（三）书桌整理

（1）清空桌盒，将所有课本放到桌面。

（2）把书桌内外的物品分类整理，大书放左边，中书放中间，小书和本子放右边。

（3）物品有序放进桌盒，大书在下，小书在上，左放书，右放本，学习用具放中间。

（4）对照检查，所有棱角要对齐。

（四）衣物整理

（1）整理衣物时，首先要将衣物分类。针对不同种类的衣服时，使用不同的整理方法。

（2）羽绒服类外套：首先将衣服拉好拉链平铺，从底部向外翻卷到约三分之一处。然后，将袖子交叉放平，帽子向下折叠。最后，将之前卷起的部分翻过来，包住整件衣服。

（3）卫衣、毛衣类内搭衣物：先将衣物平放，然后将袖子交叉放平，再将衣服的一侧往里折一半，另一侧同理。下一步，将衣服的底部往上折三分之一，再将上面的部分塞进去。

（4）牛仔裤或运动裤：可以先将裤子平铺两裤腿对折，然后将裤子从上往下折两次，最后塞到下裤腿中，这样叠出来不容易散。

【评价标准】

具体评价标准如表5—4所示

表5—4　自理能力评价表

评价内容	摘星台
自觉整理房间	☆☆☆
掌握各种整理办法	☆☆☆
在劳动中获得成长	☆☆☆

【成果展示】

你们能整理好自己的房间吗？在整理过程中你们有哪些体会？遇到了哪些困难？

【我的收获】

整理房间的步骤有哪些？你们是怎样让自己的房间变得整洁干净的？

【链接生活】

1. 抽屉分区法

利用收纳筐或者抽屉进行分区，会更容易取放物品和维持整理的效果。抽屉里的物品分区域放置，需要什么直接到对应区域拿取。

2. 分类收纳法

用收纳筐对物品进行分类，是学生更喜欢的收纳方式。例如，把铅笔、橡皮擦、卷笔刀放在一起，把涂改纸、修正带放在一起，把玩偶放在一起。学生在使用某类物品时，只需要拿出相应的收纳筐就可以了，取放物品非常方便。

3. 直立收纳法

直立收纳法，即把物品竖起来摆放，不仅可以高效利用空间，而且相对来说取放物品更加方便。这种直立收纳不仅可以运用到书籍与文件的收纳中，还可以应用到衣服或碗筷的收纳中。那些立起来的物品在还能不受其他物品的挤压。

4. 场景收纳法

根据场景，把物品做好分类。例如，将物品分为在家里用的、在学校用的以及课外用的，在整理时，不管属于什么类型，只需要确认使用场所就可以，将其放在对应的收纳筐里。要到某个场所时，只需要拿出对应的收纳筐，就能快速地找到相关物品。

5. 标签分类法

将标签贴在收纳筐上，不用打开就知道里面放的是什么物品，节省时间和精力。也可以自己制作分类标签，画图、写字均可，或者直接用照片展示，使收纳整理更具趣味性。

附 7：

我有可爱温馨的家

家是最温暖的地方，家里有爱我们的爸爸妈妈。我们爱我们的家，我们要用行动证明自己已长大，我们要用劳动增强技能，用劳动创造幸福。

活动时间：建议 40 分钟为宜。

【我们一起来学习】

凉拌菜是夏日餐桌上必不可少的一道美食，不仅口感清爽，而且能够增进食欲。在烹饪中，凉拌就是将熟食或蔬菜切好后加入调味料并搅拌均匀的烹调方法。我们一起动手试试看。

【学习目标】

（1）学习凉拌菜的制作方法。

（2）简单了解并辨别能作为凉拌菜的食材。

（3）了解简单的凉拌菜，能说出生活中常见的凉拌菜。

【动起来吧】

（一）材料准备

白菜、胡萝卜 、黄瓜、木耳、蚝油、盐、香菜、蒜、麻油、辣椒油、八角、桂皮、香叶 、洋葱、姜片、花椒粒。

（二）步骤方法

（1）黑木耳提前浸泡好，将蔬菜洗净。

（2）胡萝卜切丝，下水焯烫后捞出。

（3）黑木耳切丝下水焯烫后捞出。

（4）锅内放油烧至五六成热，把八角、桂皮、香叶放入锅中后熄火，晾凉后装瓶储存。

（5）把白菜和黄瓜切成丝状，木耳丝、胡萝卜丝和香菜末、蒜末摆放在盘子里，料油烧热后浇在上面。

（6）放入其余调料搅拌均匀即可。

【评价标准】

口感：凉菜较为讲究口感，要脆嫩、香、爽口。

刀工：刀工也是重中之重，刀工不好影响口感，同样也影响美观，薄厚一致口感最佳。

火候：要做到脆嫩爽口。

颜色：一眼看去就能让人胃口大开。

营养：营养也至关重要，要对身体好。

【成果展示】

同学们，你们学会了吗？心动不如行动，用劳动为家人做一道美食，给炎炎夏日送上一份清凉。

【我的收获】

（1）在烹饪中，我们可以根据自己的口味和喜好，调整调料的配比。你们还知道凉拌菜有哪些调料呢？

（2）你们还知道哪些食材可以用来做凉拌菜呢？

【链接生活】

你知道吗？制作凉菜时，尽量选择手拍或手撕的方法来处理食材，比起直接用刀切，这样做能更好地扩大食材与调料的接触面，变得更加入味。想一想，我们吃过的手撕茄子、拍黄瓜是不是都十分有滋味？实践出真知，大家不妨一试。

附 8：

我来打扮我的家

活动时间：建议 40 分钟为宜。

【我们一起来学习】

同学们，在家里养几盆绿植已经成了很多人的习惯，不仅美观而且对身体健康也有很多好处。要说平日里家家户户养得最多的是什么，那一定非绿萝莫属了。想不想自己亲手种一棵呢？机会来了，我们一起学起来吧。

【学习目标】

（1）了解培植绿萝的步骤，能亲手栽培一棵。

（2）掌握绿萝的生活习性，使其健康成长。

（3）会用绿萝简单装点家居，美化家庭环境。

【动起来吧】

（一）材料准备

准备黄豆、水、绿萝植株、花盆等。

（二）步骤方法

（1）将绿萝栽入花盆，并培土。

（2）给绿萝浇水，可以用黄豆水。黄豆水里面含有大量的蛋白质，经过长时间的发酵后能产生植株所需要的氮元素，有利于植物生长。

（3）黄豆水的制作方法：第一步先把黄豆清洗后放在水中浸泡，看到表皮发皱时就可以捞出来了；第二步需要把浸泡好的黄豆放入锅中煮烂，然后把煮好的黄豆盛出来晾凉；第三步就是把黄豆放进密闭的容器中，再加上水，放置到阴凉处等待发酵。半个月左右，黄豆水就发酵完成了，用黄豆水浇过的绿萝，会长得更旺盛。

（4）光照：绿萝并不是一种喜光植物，但是放在阴暗处养护也不可取，这时就需要柔和的散射光源来养护。绿萝在夏季时一定要避免阳光灼伤其叶片。冬季可以适量增加一点光照来帮助绿萝生长。

（5）浇水：在春夏秋三个季节中，我们都需要让绿萝保持盆土湿润，春秋时 3 天左右浇一次水，夏季可以按照情况一天浇两次水。

【评价标准】

一株健康的绿萝，通常其叶片呈深绿色或鲜绿色，而且呈现饱满的状态，生长速度适中，根系呈白色或浅黄色，你们知道了吗？

【成果展示】

通过学习，你们一定掌握了培植绿萝的主要步骤，快来说一说吧。

小组内同学互相展示自己培植的绿萝，并讨论怎样才能让绿萝健康成长，并交流用绿萝布置房间的做法。

【我的收获】

人与自然和谐相处，生命的绿色可以给我们带来健康、带来希望，快快召开家庭信息发布会，向家人展示你们的劳动成果吧。

【链接生活】

别看绿萝外表平平无奇，可放在家中，装饰效果还是不错的，只要知道怎么搭配，它就能为家里增色不少。青翠欲滴的绿萝，可以放松眼睛，舒缓心情，释放压力。你们感受到了吗？

附 9：

美丽校园我装扮

学校也是我们的家，在学校这个大家庭里，有关心我们的老师和同学，有干净整洁的教室，怎么能让我们的学校变得更加美丽呢？让我们一起开动脑筋，行动起来，做学校的小主人。

活动时间：建议 40 分钟为宜。

【我们一起来学习】

班级中的图书角是大家最喜欢的区域之一，在这里，我们收集、整理和保存了适合同学们阅读的书籍。建设书香校园，举办全校师生一起读书和交流的活动。

【学习目标】

（1）认识装扮图书角的好处。

（2）能够珍惜图书，爱护图书。

（3）在制作过程中培养道德情操和人文底蕴。

【动起来吧】

（一）课前准备

（1）学校为每个班级都设置上图书角。

（2）学生把自己的图书带到图书角，每位同学精心挑选值得推荐给大家阅读的书籍，做到资源共享，使每个人都能读到更多的书籍。

（二）步骤方法

（1）选择合适的区域：教室图书柜。

（2）图书角摆放设计：不要阻碍通行，尽量选择安静之处，可以营造读书的氛围，也给人赏心悦目之感。

（3）专人管理：图书角可以设置专人管理，也可以全班轮流管理，做好借阅前后对书籍的破损情况登记，及时修补。

（4）为图书做登记：所有图书整理好之后，把图书进行详细登记，并给每本书贴上标签。

【评价标准】

图书角设计是否美观，是否整洁大方；图书数目清单是否清晰，管理是否到位；图书分类、借阅时间、管理人员分工、管理办法以及奖惩措施是否到位。

【成果展示】

同学们，你们会设计了吗？心动不如行动，用劳动为班级设计一个美丽的图书角吧。

【我的收获】

在设计中，我们可以根据自己的喜好，调整颜色和物品的搭配。你们还知道哪些图书角的设计方法呢？

附 10：

我是环境小卫士——社区志愿者服务

增强社会责任，点亮实践生活。社区是我们的家，也是学生走进社会、了解社会最便捷的地方。今天，让我们一起走进社区，当一次社区志愿服务者，在实践体验中深入了解社区志愿服务工作。

活动时间：建议 40 分钟为宜。

【我们一起来学习】

亲爱的同学们，社区里的公共服务设施和标识为我们的生活提供了很大的便利，本节课让我们一起去认识它们吧。走进社区，成为社区志愿服务者，通过沉浸式、体验式劳作，丰富自己的劳动体验吧。

【学习目标】

（1）认识社区里的公共设施和标识，了解志愿服务的相关知识。

（2）了解社区工作人员的岗位职责，体验社区管理工作，清除小广告，维护社区卫生。

（3）在社区实践中学会奉献，增强社会责任感，初步形成公共服务意识。

【动起来吧】

（一）材料准备

扫帚、簸箕、小铲子、水等。

（二）步骤方法

（1）清理小广告。

（2）特别难清理的小广告，可以喷上水打湿，再用手或铲子一点点地清除。

【评价标准】

具体评价标准如表 5－5 所示。

表5－5 社区志愿者服务评价标准

评价内容	摘星台
志愿服务态度积极	☆☆☆
志愿服务勤劳肯干	☆☆☆
志愿方法高效得当	☆☆☆
志愿服务受到好评	☆☆☆

【成果展示】

你们认识了社区中的公共设施和标识了吗？社区志愿服务过程中你们清理了多少小广告？在清理的过程中你们遇到了什么困难？

【我的收获】

今天的社区志愿服务你们有哪些收获？感受如何？学到了什么？今后还想尝试哪个岗位的志愿服务呢？

不论性别、年龄、知识和社会背景，只要有爱心，只要想帮助别人，都可以通过不同的组织与方式来参与志愿服务。

作为小学生，能做的志愿服务有限，但可以在课余时间做些力所能及的事情，如维护社区公共卫生，宣传垃圾分类，关爱、陪伴老人等社区志愿服务活动，在社区服务中学会奉献，增强社会责任感。

第五节 "互联网十"背景下的"育心"课程

人生没有彩排，每天都是直播。如何让应该"开学"的学生过好"停课不停学"的日子呢？学校利用互联网和信息化教育资源开展"网络合作式"办公、教研与教学，提前谋划、多次论证、科学部署，确保网络课堂实施平稳、便捷和高效。

专业师资是落实健康教育的保障。要实现教师的内涵式发展，读书和培训是必经之路。《在课堂上运用多元智能》《我的第一本思维导图操作书》《幸福的方法》等图书让教育教学行为发生了变化。在"互联网十"背景下，对网络媒体的使用、融合多种媒介进行心理健康教育的能力，进一步增强了相互支撑、彼此配合的教师队伍的能力。教师通过校内集备教研、校外研修和培训、阅读教育相关书籍等方式，不断提高教育理论知识和网络应用技能的水平。在实践过程中，教师教育教学的能力与技巧逐步提高，形成了专业特色。

一、"互联网十"背景下"育心"课程的保障

2015年3月5日，十二届全国人大三次会议上政府工作报告中首次提出"互联网十"行动计划，学校也顺利开启了"互联网十"背景下的"育心"课程。学校遵循五大原则，为课程顺利实施做好保障。

1. 清晰告知原则

学校将调整后的课程表和时间安排、资源下载视频及"明白纸"通过班主任下发至每位学生及家长手中，告知家长和学生上课渠道、时间、技术操作等信息。学校每天按学号对全校所有学生进行电话回访，对于家长提出的建议马上给予相应的调整，如增加每

日作业清单以方便家长核实资源是否下载完整、上传非压缩文件包方便手机客户端直接使用。

2. 全员参与原则

本着充分利用现有优势资源和充分考虑学生居家学习的设备条件的原则，学校在区教研室统一下发的录课视频、拓展材料、作业设计等教学资源的基础上，要求任课教师适当添加自主设计内容，做好资源的二次开发、补充与运用。录课资源的最大优势是能够满足家中无电脑等电子设备的学生在手机上也能够观看课程视频，从而保证远程教学的全覆盖。

3. 严控质量原则

教学资源的质量由教研组长负责，带领其他教师开展网络教研、把关课程内容，特别是对自主设计的教学内容进行初审。初审后发给学科分管干部复审，审核通过后，才能发给学生及家长学习。

4. 提前运行原则

学校课程资源平台提前两天试运行，使全体师生、家长提前熟悉教学资源推送、下载的全过程，保证有充分时间发现问题、解决问题。

5. 简便易行原则

学校从技术操作层面反复论证，结合试运行期间来说出现的问题，最终确定一种对学生、对家长、对教师来说最简便易行的方法，即由级部组长牵头，汇总一天的教学资源发送给网管员；由网管员统一上传网络平台课程资源，并提前一至两天将下载链接发给教务主任，再次对上传资源目录及内容进行审核，合格后发给全体班主任；由班主任在班级微信群内发布链接，方便家长提前下载和学生学习。

二、"互联网＋"背景下"育心"课程的保障

1. 科技赋能的微测评

学生心理健康状况如何？家长和教师如何了解学生的思想动向？心理问题刚出现的阶段，如何早发现早干预？学校启动了关于学生身心健康成长的线上心理测评平台，利用新媒体技术，如问卷星、微信公众号等获取和搜集小学生主要的心理诉求和心理问题。同时，学校利用中小学生心理健康检测系统，在充分保护学生隐私的前提下，教师和家长可以根据软件的报告从不同角度获取学生目前的心理状况，根据报告及报告中的科学建议及时干预，保障学生的健康成长。

2. 不拘形式的微分享

通过学校微信公众号、全体教师微信群、家长群、学校微博等多种途径，进行心理健康管理知识的推送与分享。特殊时期，专职心理教师通过多种途径，与师生和家长分享"为心灵戴好口罩"应对情绪管理小妙招，从学生身边发生的小故事导入，引领师生和家长学会关注自己的情绪。

在微信平台上，教师通过"一堂好课 连通你我"专栏，就如何对教研室资源二次开发运用、如何自主开发设计教学内容、如何设计作业单、如何关注特殊学生的学习需求等问题展开网络集备，班主任就如何设计适合居家生活的学习及生活计划、如何与家长进行沟通、如何解决网课过程中家长的特殊需求、如何关心一线医务人员子女生活及学习等议题展开主题研讨。

科学健康的作息时间、朝气蓬勃的晨读暮省、潜心定气的微课学习、劳艺并举的居家生活……这段特殊的居家学习过程，正是培养学生自律精神、自主意识、自理能力的绝佳时机，学校以"自律者，赢未来"为主题，开展有指导性的家校合作，推出优秀学子的

居家学习心得与感悟，供全校学生学习，让学生在家庭教育中意识到自律与自主的力量。一位学生家长说："在大学里，很多学生都是靠自学，教授讲完课就下课了，留下的问题，需要学生自己去图书馆查阅资料才能完成，如果没有自律自主的学习习惯是无法完成学业的。因此，自律自主的学习习惯要从小学就开始养成，到了初中和高中会起到事半功倍的效果。按计划合理安排作息时间，将会是受益终身的生活方式。"

3. 妙趣横生的微课堂

通过测评，学校根据最终的统计数据，对不同年级、不同班级和不同需求的学生，有针对性地提供不同主题的心理健康教育知识。"横四点像蝌蚪，两大在两边，两小在中间，注意排好队，方向要相对。"这一段学生在书法课上学习的口诀出自趣味书法教学光盘，该教学法曾获得首届中国教育创新成果奖，它将枯燥的书法练习与五步学习法，即"观察—记忆—模仿—反馈—练习"相结合，并通过微课的形式进行书法教学，创新了书法授课的模式，极大地提高了学生学习书法的兴致。

4. 打破时空的微咨询

充分利用 QQ、微信、钉钉、微博等新媒体平台，延展"学校—级部—班级"三级网络体系。线上学习时，家庭是学生的主要活动场所，因此要密切家校沟通，通过微信公众号、微博、短视频、绘本、微信、电话等多种方式向家长与学生开展防控政策和知识的宣传，引导家长合理安排学生的学习和生活，做到理性认识、科学防控。最值得一提的是，学校通过一周快乐生活表为学生安排了阅读、健身、艺术欣赏、家务清洁等不同的主题活动，让他们通过适当的体育锻炼增强体质，通过观看优秀影视作品开阔眼界，通过参与家务劳动培养好习惯，严格控制电子产品的使用时间，防止沉溺网络和电子游戏。

心理咨询和心理健康教育突破时间和空间的限制，实现了心理咨询和心理健康教育效率最大化。学校的心灵热线不仅开放了电话咨询，还设置了心灵成长邮箱，方便家长和学生进行咨询，学校专职心理教师定时定点查看邮箱，耐心回复每封邮件。

经历就是一笔财富，在这样的特殊时期，师生和家长热爱祖国、尊重自然、珍视生命。在这样一个特殊的时间段，大家共同做努力，做有担当的中国人！成长的过程是一个由封闭走向开放的过程，而"互联网＋"背景下的"育心"课程方式，恰恰契合了这样的成长规律。

第六节　花样"育心"课程采撷

什么是一门好的课程？一门好的课程应该像一座精心铺设的桥梁，连接四面八方的道路。让儿童走上这座桥，可以打开心灵、开阔视野，与最真实的自我拥抱，与伙伴和师长对话畅谈。一门好的课程还应该是学生喜欢的课程，他们可以全情投入、全员参与。与此同时，多元化、生活化、童趣化也是一门好课程的特点，每个学生都有在舞台上展示自己的机会，都有体验成功的机会。

一、"心灵 SPA"课程，打开学生的心灵之窗

科学研究已经发现，心理因素会导致很多疾病的发生，随着社会的发展，科学技术对各行各业的冲击也让家长感受到来自社会和工作的压力，这种压力在一定程度上会向家庭中传导。小学生正处在身心发育的关键时期，需要密切关注其各种变化，从而保证学生健康、快乐地成长与发展。

优秀的师资是学校开展特色心理教育的重要保证。"心灵

SPA"课程由学校专职心理教师、国家二级心理咨询师担任。除此之外，学校还打造了心理健康教育师资梯队，鼓励和支持教师通过自学、参与各类培训等方式，进行心理辅导等相关知识与技能的学习，不少教师成了学生和家长心目中的"心灵魔法师"。

学生在"心灵SPA"课程中，时而欢呼雀跃，时而动情落泪。在课堂中，学生通过音乐冥想、感知体验、角色扮演等方式探索神奇的内心世界，了解基本的心理健康常识。课堂上，学生用的课本是学校自编教材《心灵SPA》，与其他学科不同的是，这套历经了两个版本的循环校本教材在编写上特别注重内容的趣味性、知识的实际应用性及师生的互动性。新版教材的每一课分为六个板块，从心理音乐欣赏、主题导言开始，循序渐进地引入一个个心灵小故事、一次次心理互动活动，其中蕴含着个性品质、情绪管理、人际交往、抗挫折等与小学生心理发展密切相关的心理知识和基本技能。心理教师还探索出了以"情景带入、活动体验、分享升华"为基本环节的心理课模式。每节40分钟的"心灵之旅"结束时，学生都还意犹未尽。随着"成长俱乐部""心语吧""宣泄吧"等心理处室的不断完善，沙盘游戏、绘本故事、体验活动、心语姐姐信箱、解压音乐等活动都定时向学生开放。学校还增设了家长心灵热线，方便解答家长有关儿童心理教育方面的问题。同时，学校还配备了"中小学生心理健康检测系统"，在充分保护学生隐私的前提下，教师、家长可以根据软件的报告从不同的角度得到学生目前的心理发展状况，从而根据建议帮助学生成长。

学校的心理教育也逐渐打破了学科间的界限，渗透进日常教育教学的各个细节之中。通过心理专业培训、"草根"课题研究，教师将思维导图、心理效应、积极心理学等心理学知识引入课堂，开展了心理健康操、心理绘画、心灵分享游戏卡等学科渗透活动，既体现了对学生的重视，也提高了教师的教学水平。每次的家长开放日、家长会、家校议事会，家长都会对教师授课方式的改变赞不绝口。最让家长欣喜的还是学生在这些过程中的成长与变化，阳光的性格，大方的谈吐，都是在学生身上发生的潜移默化的变化。

随风潜入夜，润物细无声。学校的心理教育还特别注重将显性的教育形式与隐形教育形式的相互结合。清净优雅的校园、高规格的教学设计、精心打造的校园文化墙，处处都彰显了学校的用心。每天清晨的音乐陪伴，课堂中的音乐冥想，都带给学生平和、欢愉的心灵体验。教师、家长推荐的心理小故事也成为师生、亲子共读共享的素材，特别是每年一度的"放飞心灵"心理教育展示活动，更是成了学校的一张特别的"文化名片"。心理专家的高位引领、高校学生的团队注入、学生活动的倾情参与及教师论坛的成果展示都各放异彩。

为了记录下教师和学生在"心灵 SPA"课程中的一点一滴，学校组织教师从课堂、成长、生活、游戏与运动等多角度记录下课堂里精彩的思维碰撞，师生间持续的教学相长，生活中动情的心灵交流，操场上尽兴的奔跑释放。每个故事都是校园中真实而生动的写照，是一个个孩童成长的印记，也是一位位教师成长的缩影，他们在阳光雨露的滋养中不断舒展，感受心灵教育的力量。

二、"戏润校园"课程，搭建学生梦想的舞台

如何促进学生的朗读热情？如何更好地展现丰富的阅读成果？来一场戏剧表演，把绘本变剧本，把群众变演员。这就是"戏润校园"课程开设的初衷。一个从小就有机会参与戏剧表演的孩子，会对戏剧表演艺术产生浓厚的兴趣，可以释放自由的天性，让他们变得更加自信和乐观。

课程开设的最初困难重重。其中最大的困难，来自给学生排演

儿童戏剧的班主任老师,他们忙于日常教学,对戏剧排演也没有经验;学生也以为戏剧表演就像简单的课本剧。后来,学校聘请了专业的戏剧老师,让教师和学生近距离感受戏剧的魅力。

首堂戏剧课如同运动前的热身一样,让学生围坐在一起,在简单的暖身游戏中开始。学生在"姓名传递"活动中逐渐放下紧张与戒备,很快融入这个新建的团队,并在最短的时间内集中精力记住同伴的姓名,尊重对方、聆听对方。接下来便是"用动作表现我"的环节,这时,越是平时品学兼优的学生越显得拘束不自由。"老师,我真的想不出动作来""老师,这不是我擅长的"。一个个平时伶牙俐齿的学生,在用肢体语言表达自己时,却显得羞涩为难。

而这正触及了戏剧表达最核心的要义——由"说"到"做"。但后来的事情告诉我们,在最初不愿意轻易表达自己的学生,往往是善于思考的,他们需要思考清楚了才会去做。等真正融入团队之后,他们的爆发力会很强。那如何正向激发学生表达自我意愿呢?戏剧老师用了一个办法——让学生分为两圈站立,想不出动作的学生在内圈,想出动作的学生在外圈。有了同伴的示范,学生不再羞涩,外圈越来越大,最后只剩下三个学生停留在想不出动作的内圈中。活动环环相扣,层层递进,学生也愈加融入情境。

《我就是喜欢我》戏剧课上,戏剧老师将学生分为3个小组,并让他们自己确定人物关系、画出事件发生地及人物情绪表达的不同任务。学生在"追问—讨论—追问—讨论"过程的不断循环中,呈现了出人意料的精彩表现。最初拒绝加入游戏的男孩,为了配合小组完成挑战,竭尽全力做好后勤保障工作;原本不断插话打断老师的"捣蛋鬼",积极出谋划策,专注认真;原本默默无闻的小女生,在同伴的惊叹中挑起大梁,巧手制出小道具。就是带着这样的共情,让我们开始学着用更多元的视角去了解学生的特点,并让这些特点借由教育戏剧课程成长得更加卓然独立。

"戏润校园"课程引领学生走上戏剧舞台,感受生命百态,也培养了经验丰富的戏剧指导教师。2019年我校成功加入国际戏剧教育联盟,为继续开展戏剧教育奠定基础。

目前,"戏润校园"课程以全员性、艺术性、体验性为原则,以了解戏剧常识、参与戏剧基本功训练、体验戏剧活动为目标,以戏剧故事、戏剧游戏、戏剧表演为内容,以多主体、多维度评价为载体,科学实施校园戏剧课程,让学生在文学、音乐、舞蹈、设计等多个艺术领域接受全面的艺术熏陶,培养团队的合作能力,带动综合素养发展。学生在戏剧体验的过程中将文学作品动态化、绘本故事情境化、生活见闻舞台化,不但在一次次培训和观赏中了解了戏剧表演基本常识与戏剧观赏文明秩序、接受形体及演讲等戏剧基本功训练,更在一次次故事表演、戏剧游戏和戏剧表演活动中加强认知、理解、表达能力。在排练中,学生体会到人与人、人与自然、人与社会建立和谐关系的重要性,在筹划、排演、设计、表演、观看和评论的过程中塑造全新的自己。

校园戏剧教育课程以全员学生能够了解戏剧的基本常识、遵守观看戏剧时的文明秩序为基础,逐渐在参与的过程中锻炼身体的柔韧性、协调性及音乐感受力。在基础的演讲训练中,掌握演讲要领、理清表达逻辑、树立自信心,让学生能够声音洪亮、自然流畅、动作恰当、服饰得体地进行戏剧故事表演。在此过程中,学生能够态度积极、兴趣盎然、语言清晰、肢体协调、想象丰富和沟通顺畅地参与戏剧游戏活动,观察敏锐、模仿投入、动作到位、表现自如、大胆自信、团队协作地完成戏剧表演任务。

每年五月份都是学生最期盼的"戏润校园"课程展演的时候,精心排演数日的戏剧节目在经历走台彩排后,正式和全校师生见面。当所有的灯光、目光汇聚在舞台上，学生的身影显得如此熠熠生辉。令所有学生最期盼的是无比隆重的颁奖典礼，"最佳男演员""最佳女演员""最佳男配角""最佳女配角""最佳故事奖""最佳导演奖""最佳音乐奖""最佳道具奖"八大戏剧节特设奖项，均由教师代表及学生代表组成的"大众评审团"以现场无记名投票的方式选出。当期待、奖杯与红毯相遇，舞台上的学生已完全褪去青涩与拘谨，脸上是毫不掩饰的骄傲，真挚的获奖感言让他们的梦想在校园绽放。

三、主题项目课程，助力学生对未来的探索

能够将各个学科的知识与技能融会贯通，并在实践中运用自如进而不断创新，才是能够适应未来的新型人才。复合型人才的培养必须通过学习突破学科界限的课程才有可能实现。学校从小项目着手，探索一条适合校情、师情与学情的项目主题课程之路。

万物轮回，有始无终，季节更替，自然有序。学校对项目主题课程的尝试就从学生再也熟悉不过的四季开始。通过将语文、数学、英语、音乐、体育、美术、科学、信息、思想品德等各个学科进行资源整合，学校意识到对学生的启蒙教育不应只停留在常识普及层面，还应让他们通过对不同季节的认知、体验与表达，增加对生活的理解和感受，对自然的尊重与热爱。就这样，学生和语文老师一起在诗篇和散文中感悟老舍的《冬》，和音乐老师一起欣赏交响乐《四季·春》，和科学老师一起从天文角度了解四季产生的原因及时间规律，并在春季开学典礼那一天种下一粒花种子，每天期待并记录下自己种下的种子何时破土、何时开花。学校请来园林专家为大家介绍植物的生长过程，解答学生的种种困惑。美术课上，教师指导学生用一幅幅以"幸福的种子""春天在哪里"为主题的绘画作品描绘心中春天的样子；在秋天用大米、小米、红豆等制作

粮食贴画,感受秋收的喜悦。学生还走出校园,四处采集果实和树叶标本,制作属于自己的植物收藏册。户外踏青的收获不止这些,"小拍客"们还拍摄了以"一草一木""一花一语"为主题的摄影作品。

在一次次项目主题活动中不断积累经验,学校课程整合的步伐迈得更大了,逐步摸索出一条以问题解决为视角,多学科融合并举的实施路径。第一步,学校会组织各教研组根据学科教材,进行整本教材的研读分析,挖掘与学生生活实际联系紧密的项目式教学主题。第二步,让每位教师都成为项目主题教学的设计者与实施者,在整合本学科教学内容的基础上,相关学科交叉互融,让学生在参与学习的过程中,建立起学科与学科之间、知识与生活之间开放互联的认知体系。第三步,让教学实施的过程走向多元,让授课的内容、形式、时间、场地,都不再拘泥于课堂上的40分钟。最后则是多元评价,学生在参与过程中进行提出问题、解决问题、综合运用、与人合作、学习态度、责任意识等多项能力测评。当教学不以学科来划分,当知识不以课本来局限,当课堂不用围墙来树立界线,一次次"源于生活,走向生活"的项目主题课程便能吸引学生在好玩的实验、灵动的歌声、多彩的绘画和丰富的实践中不断成长,将歌舞表演、手工绘画、科学实验、证书奖章、画作笔记都一一纳入自己的成长档案册。

学校的项目主题课程的教学方式,恰恰应合了这样的成长意蕴。当学习时空无局限、知识生活无边界、学科教室无界限时,我们相信,通过整体建构、深度思考、多维合作和项目展示,每位学生的核心素养已经得到了提升,教育者只需静待花开。

四、生命自律课程,丰富孩子的生命时光

2020年突如其来的疫情,是学生的一堂人生大课。对自然的

尊重、对祖国的拥护、对生命的珍视、对知识的渴求，都从未如此强烈。如何让应该在阳光下奔跑的学生适应暂时的居家生活？学校为此安排了生命教育云课堂。

学校通过微信公众号和网课平台，推出了"德育云课堂"，分别从"我与疫情""我与动物""我与他人"三个角度，安排了《同心战役——向最美逆行者致敬》《成长之花 赢"疫"绽放》《缅怀先烈，致敬英雄》《保护野生动物，从我做起》《爱与感恩》等不同主题的课程内容。特别是在"同心战疫——共铸爱与责任的中国力量"思源德育教育主题网络班会中，学生学习了防疫知识、了解了抗疫一线的先锋人物。在"致敬战役英雄们"主题演讲中，学生发出了"致敬抗疫英雄，担当时代使命"的倡议。诗者，情之所起，诉说心愿；画者，心之所向，描绘希望。特殊时期，学生在语文老师和美术老师的指导下用原创诗歌和五彩画作表达了对祖国的信任，对英雄的赞美。

少年蓬勃之心，日月光华之本。科学健康的作息时间、朝气蓬勃的晨读暮省、潜心定气的微课学习、劳艺并举的家居生活……都是培养学生自主意识与自理能力的途径。于是，学校以"自律者，赢未来"为课程主题，开展有指导性的家校合作，旨在让学生在家庭教育中意识到自律与自主的力量。

学校及时推出优秀学子的居家学习心得与感悟，供全校学生学习和效仿。凡事预则立，不预则废。自律的前提应该是学会对时间进行管理。为了增强学生的时间管理能力，学校在假期成长作业指导手册中提供了"假期时光管理小妙计"。经了解，绝大多数学生都能在父母的帮助下制订适合自己作息时间表，并能将实施情况进行记录。每天的时间都去哪了，作息时间表上一目了然。除了自律能力，远程教学也对学生的自学能力发起了挑战。

读书能驱赶烦恼，读书能消散忧愁，读书能去除苦累，读书更能增强心智，笃定信念。在居家学习时，读书成了生活中重要的一部分。朗读、提问、回答、辩论，那叫一个热火朝天。每天的这段时间是学生一天中最期待的时间。没有了学校的铃声，也没有了老师的监督。居家学习时，学生的"教师"就是父母。在父母的协助下，学生开启了自律、自主的学习模式，养成每天坚持、自主学习的习惯，按计划合理安排作息时间，这将会是学生受益终身的学习方式。正是规律的生活、自律的管理给了我们更多的自由——选择未来的自由和选择人生的自由。因此，特殊时期的教育是一堂如何直面人生、赢得未来的人生大课。

在这场没有硝烟的战争中，拥护祖国、尊重自然，渴求知识、珍视生命，是学生学会的人生道理，在这个基础上，做努力而自律的自己，做有担当而有益于人民的中国人。

五、理财消费课程，培养学生的消费习惯

社会经济的发展，使人们的消费水平逐步提高，消费心理发生了很大的变化。这些变化已经慢慢地影响到了在校的小学生。我们发现，很多父母定期给学生零花钱，学生往往习惯于拿到后立即买自己喜欢的东西。小学生的消费观还未建立起来比较容易冲动消费，浪费金钱。

1. 问卷先行，摸清现状

我们对 200 名学生进行了问卷调查，结果如表 5－6 所示。

从上述数据中不难看出，目前小学生缺乏正确的消费意识和良好的消费习惯。好的消费习惯既能培养学生诚信、负责任的意识，也可以提高学生的自我意识和自我控制的能力。

将消费作为一个课题来研究的并不多，此课程的实施中，我们遵循"晓之以理，动之以情，导之以行"的教育原则。因为此项课

程既是教育学生，促进学生健康人格的形成，又是教师自我教育的过程，还是对家长的间接教育的过程。我们坚持以学生为主体，强调全体学生共同参与到课题的研究中来，启发引导学生自己去发现生活中的消费问题，独立思考，合作讨论，相互交流，潜移默化地形成良好的消费习惯。良好的消费习惯是学生在实践中逐步养成的，纸上谈兵，不让学生实践是行不通的。因此，我们给学生创设一定的消费情境，让他们在生活的课堂里实践，在实践中明确应该怎样消费，在实践中养成良好的消费习惯。当然，我们也考虑到学生存在的个体差异，学生的家庭也存在差异，因此，在面向全体教育的同时，我们还应充分认识到因材施教的必要性和重要性。

表5-6　学生消费调查问卷

	内容	所选人数	所占比例
1	零花钱每个月20元以上	123	61.5%
2	零花钱用于购买零食	191	95.5%
3	新学期购买50元以上的文具	75	37.5%
4	压岁钱200元以上	88	44%
5	好朋友过生日买礼物	121	60.5%
6	希望工程或爱心资助捐款超过10元	74	37%
7	认为小学生该有零花钱	198	99%
8	买东西会货比三家	90	45%
9	自己喜欢的东西马上就买	188	94%
10	认为从小就要多存钱，少花钱	96	48%
11	衣物、学习用品有3件以上是知名品牌	50	25%

2. 目标分层，合理推进

我们发现，消费习惯是在长期的生活实践中形成的消费行为偏好。我们在学生中提出了养成"9个合理消费好习惯"倡议：计划用钱、适度消费、节俭、货比三家、自我保护、理智消费、少买零食、珍惜财物、进行价值比较。我们联系家长，通过家教课和家长一起制订切实可行的计划，并针对不同的学生提出不同的方案。

表5-7　分龄培养目标

学段	培养目标
低年级段	不挑吃，不挑穿，不浪费粮食；自己的事情自己做；不乱花钱
中年级段	不讲吃、不讲穿，不浪费粮食和物品；自己事情自己做，家里的事情帮着干；不乱花钱，珍惜他人的劳动成果
高年级段	不比吃、不比穿，学会的简单的家务劳动，参加公益劳动；建立收支小账本、学会理财

3. 实践中体验，实践中总结

在购物时，我们要货比三家，目的是了解价格。我们通过晨会、主题班会等不同形式举办消费指导讲座，让学生逐渐懂得哪些钱该花，哪些钱不该花；哪些钱应先花，哪些钱应后花。让学生明白，该花的钱要算着花，不该花的钱一分也不花。在引导学生消费时还要帮助他们树立正确的消费观，使学生懂得健康消费不是不消费，该花的钱要大胆去用，如买书、买学习用品、为希望工程捐款。

（1）"小物品、大价钱"的核算活动。学习组织了这样一项统计：把学生扔掉的铅笔、橡皮、作业本等学习用品加起来算总额。给学生展示作业本的制作流程——种树、砍伐、运输、加工、印刷、装订，让学生自己分析和计算制作成本，从尊重劳动成果的角度理解所有的产品都饱含着劳动者的辛苦和汗水。

（2）指导学生列出购物计划。如今的广告铺天盖地，学生面对的诱惑较大。与其躲躲藏藏，不如让学生直面诱惑，正确引导他们学会比较、学会选择。校门口的商店、附近的超市、电视里的广告，所呈现的商品有质优价廉的，也有以次充好的。让学生自己收集一些广告信息，分析商品价格有高低，质量有优劣，零售价和批发价也不一样。同时，还可以了解反季购买，可能会有意想不到的折扣。根据学生的表现评选出"最佳消费者"。

（3）组织"消费好习惯"专场演出。学校排练了与消费有关的小品，把学生生活中的消费现象呈现出来，引起大家的思考。例如，个别学生经常买零食，花钱大手大脚，但是到了订报纸、杂志时却不舍得；有的同学平时很节俭，但到了这时却订阅了很多报纸，学到了很多书本上没有的知识，被大家称为"小博士"。有的内容是某个学生见到自己喜欢的东西马上就买，不加比较，结果后来发现更便宜、更实惠的，就后悔了。在全校表演后，学生积极展开讨论，重新审视自己的消费行为，指导学生正确消费。

（4）"假日小当家"活动。在"假日小当家"活动中，学生向父母请教，计算出家庭月消费额以及每日的平均支出。于是，学生聚在一起精打细算，反反复复设计多种方案，看哪种方案最合理、最经济。学生来到市场上，先进行全面的"市场调查"，又经过全组同学的精心策划与分析，确定了买菜的种类与数量，而且他们学会了讲价。这次活动后，有的学生感慨地说"妈妈每天买菜可真辛苦"，有的说"幸亏我们多看了几家，不然就买贵了呢"，还有的说"要不是我讲价讲得好，我们的钱就不够买面条了"。在这样的实践活动中，学生体会到做明智的消费者、学会合理消费的必要性。

（5）图书交换，教会学生勤俭节约。学校组织了一次"图书等价换"的活动。首先，在班内召开动员大会，讨论如何换图书，哪些图书能换、哪些图书不能换，应该怎样换到最多的图书。其次，让学生计算怎么才能做到新旧图书的等价交换，通过讨论，大家制作了代金卡。例如，带来的图书大约价值 10 元，就发放 10 元代金卡，然后把班里所有的图书分为 3 元、5 元、10 元、15 元等区域，学生可以根据自己的代金卡金额，到相应的区域去购书。通过图书交换，学生不仅学到了更多知识，也在生活中学会了理财。

我们深刻地认识到，学生的良好品质是可以通过丰富的活动逐步培养的。只要我们有决心，方式方法正确，对于学生的不合理要求，坚定地说"不"，让学生明白"别人有的我也可以没有""人穷不一定志短，有钱未必有志"。同时，也允许学生在一定条件下自主支配零花钱，因为单纯限制消费不是解决学生乱消费的好办法。

随着各项活动的不断开展，"合理消费，提倡节俭"的意识已经深深扎根于学生幼小的心田。节俭不等于小气，在需要捐款时，大家都毫不犹豫地把自己攒的零花钱投进爱心箱里。我们相信，良好消费习惯的培养，将会使学生受益终生。

对于学生的发展来讲，什么最重要？无疑是课程。随着学校的课程体系不断完善，学生的道德品质、生活能力、人文素养与社会责任感得到全面发展，核心素养不断提升。时光流转，一路走来，最美的硕果就是学生在学校的成长。我们用怎样的课程来陪伴他们，他们就在用怎样的方式体验童年。丰富多彩的课程能够给学生提供丰富的人生经历和情感体验，激发他们巨大的探究热情和求知欲望。不负生命，天天向上，这正是教师用优质的课程为学生搭建起的成长平台。因为我们知道，课程能给学生最好的当下，而当下则是成就未来的基石。

附 1：

《戏润校园》课程实施方案

　　课程是学校教育教学工作的核心领域，学校课程的出发点和落脚点是促进每一个学生实现充分、自由而和谐的发展。提升学校课程领导力是深化课程改革的必然要求，对学校发展具有重要的意义。青岛洮南路小学始终坚持"涵养品行、开发潜能、助长生命"的办学理念，不断完善课程资源的开发。为全方面、充分发掘学生们的各项潜能。学校将"教育戏剧"引进学校课程，纳入教学内容，实施美育思想下的校园戏剧教育课程，以戏剧表演作为突破口，将这一新颖而适宜的素质教育手段引入课堂，培养学生全面的人文素养。

一、开发背景

　　戏剧内容丰富、形式多样，涉及文学、艺术、多媒体等多个领域。戏剧是一种非常综合的表演形式，一方面，演出者能够通过角色诠释戏剧中的人物形象；另一方面，观众能够通过观看戏剧表演理解剧中的人物。校园戏剧教育课程的目的不是娱乐，而是鼓励儿童思考问题，感受各种情感。

　　英国小学教师约翰首次把戏剧活动引入教学。后来，教育者发现戏剧可以把故事、表演、朗诵和歌唱共同应用到课堂中，慢慢地戏剧开始受到学校的重视，逐渐成为培养学生全面发展的重要途径，甚至被称为"最好的教学手段"之一。

　　2015 年 9 月 28 日，国务院办公厅发布的《关于全面加强和改进学校美育工作的意见》指出，要"开设丰富优质的美育课程。学校美育课程主要包括音乐、美术、舞蹈、戏剧、戏曲、影视等，各级各类学校要按照课程设置方案和课程标准、教学指导纲要，逐步开齐开足上好美育课程"。戏剧作为单列的课程内容第一次被国务院正式提出来。目前，由国家主导的在公立教育系统开展的戏剧教育课程是普及性、非精英化、非技巧型的教育，避免选拔式、影视化、竞赛型教育，普及性戏剧教育追求的是人人都有表现机会的教育，不是偏重培养某些天赋突出的精英培训。

青岛洮南路小学将通过课本剧、绘本剧、心理剧和创编剧等形式，开展校园戏剧课程，旨在让学生将文学作品动态化、绘本故事情境化、心理教育形象化、生活见闻舞台化。让戏剧作品中的喜怒哀乐、情节冲突、形象塑造等元素在剧本解读、角色扮演、模仿创造的过程中，不但能启发想象力、培养观察力、提高鉴赏力、激发表现力，还有助于学生个性的发展、自信心的养成与创造力的激发，使学生从小树立正确的人生坐标。

二、课程原则

校园戏剧教育课程的实施既要遵循要根据戏剧表演的特点，也要尊重小学生的心理特征，将基本要求贯彻于教学过程的始终。

(一) 全员性

我校"戏润校园"课程本着"一个都不能少"的原则，始终坚持全员参与。学校组织的戏剧课程要求全校所有班级、所有学生均要参与，由班主任负责，根据学生的个性特点，让学生轮流尝试和承担不同的剧务工作和表演任务，如剧本创编、音响调试、舞台美术、服装租借、道具设计、导演助理，确保每个学生在校园戏剧课堂都有上台展现的机会，把舞台交给学生，让他们成为舞台的主角，通过集体的努力，实现学生心中的戏剧梦想。

(二) 艺术性

小学生天性活泼好动，喜欢交流和表演，即使在生活中，学生也经常玩"过家家"。"戏润校园"课程顺应了学生成长的需求。戏剧中生动的情节、奇特的故事、夸张的动作和盎然的童趣都会给儿童带来极大的审美享受。学生在舞台表演和近距离的互动中，能了解故事发展的曲折变化、感受人物命运的起浮跌宕、浸润人性的向美向善、发掘行为表面下蕴含的深刻意义，由此获得艺术的审美情趣与满足。

（三）体验性

作为美育课程的戏剧教育课程不应刻意突出技巧训练，避免过度强调能力培养给学生造成的不必要的压力。学生对舞台的感觉应该是安全的、不恐惧的，应当以体验戏剧为最终目的的，这也是作为美育的戏剧教育课程的重要特性。

三、课程优势

戏剧作为美育课程之一，具备以下优势。

（一）戏剧涵盖多元的艺术元素

戏剧是一门综合艺术，包含了文本、表演、导演、空间、设计等多种元素，涉及文学、音乐、舞蹈、设计等多个艺术门类。学生在参与戏剧教育课程中接收到的美育熏陶是全方位的。

（二）戏剧培养团队的合作能力

戏剧是一门合作的艺术。一部戏剧作品的完成，需要参与者通力合作。谁来组织，谁来执行，谁负责设计，谁进行表演，这些合作部分都需要教师的指导，但大部分情况下学生之间商量就可以完成，这非常考验学生间的交流沟通与合作能力。

（三）戏剧带动认知的成长发展

学生不仅可以参与戏剧表演，也需要对戏剧作品进行赏析，优秀的戏剧作品既能带来艺术上的享受，作品本身蕴含的道理也可以培养学生独立思考的能力。

四、课程目标

本课程旨在以戏剧萌发儿童心中的戏剧梦想，培养更加适合未来生活的小公民。

（一）总目标

校园戏剧教育课程旨在保护学生在生活中天然的表演创造力，唤醒想象力，学习与人沟通的技巧，训练条理清晰的表达，锻炼自主动手的能力，通过亲身体验、行动实践认知、理解、表达、展现，追求人与人、人与自然、人与社会的和谐关系，在筹划、排演、设计、表演、观看、评论的过程中培养学生的综合素养。

（二）分目标

（1）学生能够了解戏剧的基本常识。

（2）学生能够遵守观看戏剧时的文明秩序。

（3）学生能够参与基础的形体训练，锻炼身体的柔韧性、协调性及音乐感受力。

（4）学生能够参与基础的演讲训练，掌握演讲要领、理清表达逻辑，树立在公众面前进行表达的自信心。

（5）初级阶段学生能够声音洪亮、表达流畅、动作恰当、服饰得体地进行戏剧故事表演。

（6）中级阶段学生能够态度积极、兴趣盎然、语言清晰、肢体协调、想象丰富、沟通顺畅地参与戏剧游戏活动。

（7）高级阶段学生能够观察敏锐、模仿投入、动作到位、表现自如、大胆自信、团队协作地完成戏剧表演任务。

五、课程内容

校园戏剧教育课程要根据各年级学生心理生理特点进行设计，力求在进行戏剧教育的同时实现教育功能的最大化。通过设计不同的情景，展示不同的情境中人物的心理动机、行为特点以及产生结果，唤起观者的共鸣，实现与观者的交流，带来审美的体验，引发共同的思考或争辩。

（一）戏剧故事

低年级学生的抽象逻辑思维刚刚萌芽，他们对抽象语言的理解能力有限，因此，课程内容以动物戏剧故事、生活习惯故事等学生喜欢的话题和熟悉的场景为主，有利于学生的理解和表达，帮助学生在戏剧故事创设的生动情节中树立良好的生活习惯，建立人与自然和谐共处的价值观。

（二）戏剧游戏

中年级学生已逐步参与到家庭、校园与公众的生活中，个性特点逐渐显露，因此，课程内容以自我悦纳、参与社会生活等符合学生能力发展与成长需要的情境为主，将家庭传统与美德、社会公德与准则通过戏剧游戏的形式渗透到学生的行为中，并在游戏进行过程中发挥学生的主体作用，增强集体融入感。

（三）戏剧表演

高年级学生正处于人格塑造、道德修养培育的关键期，想象力、表现力与创造力逐渐丰富，因此，课程内容以心理戏剧、公民教育等情境为主，将人际交往准则、团队创造能力等多重培养任务通过作品创编、舞台表演等方式渗透到学生的人格塑造与素养提升中。

六、实施策略

（一）实施步骤

（1）学校将戏剧教育纳入历年整体发展规划和年度工作计划。

（2）戏剧任课教师及活动执行教师针对总体规划、学期主题、具体要求制订教学计划、撰写备课方案、实施课堂教学。

（3）戏剧课程具体实施分为三大层次：第一，以普及性体验为目标的"萌芽杯"校园戏剧节；第二，以精品化打造为目标的戏剧社团；第三，以培养戏剧人才为目标的戏剧比赛。学校每学年举行一次全校范围内的戏剧故事、戏剧游戏与戏剧表演展示活动，在大队部与班主任的指导引领下，带领全体学生走上舞台，感受戏剧的魅力；并在此基础上选拔在戏剧表演方面表现突出的学生，外聘专业教师排练戏剧作品，参加区级、市级、省级戏剧表演比赛。

（二）实施流程

1. "萌芽杯"校园戏剧节实施流程

大队部确定本届的戏剧主题—以班级为单位排练戏剧—根据年级需要学习校本教材内容—音美教师在彩排过程中反馈修改建议—全校师生观看戏剧展演—微信平台展播班级戏剧表演。

2. 戏剧社团实施流程

戏剧社团负责教师挑选学生—专业教师结合校本教材固定每周进行专业课基本功训练—打磨作品排练—参加比赛或会演。

3. 主题教育活动戏剧表演实施流程

确定"环保""节日"等教育活动主题—创编戏剧活动文本—排练戏剧—全校观看主题教育活动中的戏剧表演。

4. 戏剧欣赏实施流程

校内外戏剧欣赏—校内外戏剧知识学习—将成果记入艺术成长档案夹。

（三）实施方法

学生参与戏剧活动遵循以下学习方法：

作品欣赏—教材讲解—动作示范—观察模仿—确定剧本—彩排训练—汇报演出。

七、课程评价

（一）评价内容

学校将结合学生的参与态度、表演状态、角色分工、观演秩序等方面进行全方位的评价。

（二）评价形式

1. 学生自评

学生自我对照参加本课程以来的变化，对自己进行评价。

2. 教师评价

教师根据学生学习过程中的表现、实践投入程度、运用技巧能力等方面，给学生适当的评价。运用学生"艺术成长档案夹""花开洮园颁奖典礼"等途径对学生进行评价。

3. 学生互评

学生根据被评价者对角色的感悟和表演是否到位，参与戏剧节"大众评审团"的评审。

（三）评价项目

"萌芽杯"校园戏剧节每年特设"最佳男演员""最佳女演员""最佳男配角""最佳女配角""最佳故事奖""最佳导演奖""最佳音乐奖""最佳道具奖"八大奖项，均由教师代表及学生代表组成的"大众评审团"以无记名投票的方式现场进行评选，并举行隆重的颁奖典礼。

第一部分　基本训练篇

一、形体训练

低年龄段的形体课程主要从趣味性、生活化出发，通过较为单一的对动物形体动作的模拟设计训练内容，使学生提高对动物形态的观察意识，增强对自我身体的支配能力，为学生戏剧表演中形体的塑造，做一定的铺垫和身体准备。

1. 训练一：趣味性动物模拟

活动时间：建议 60 分钟为宜。

组合训练 1：太阳当空照。

训练目的：头、胸、腿部的热身练习。

准备：盘腿坐双手，抓住脚踝，眼睛平视前方。

（1）仰头看天花板—回正前方平视—低头—回正。

（2）向左歪头，耳朵找肩膀—回正—向右歪头动作同上。

（3）向前下腰，后背保持直立—上身直起来。

（4）向前下腰头不先放松，整个身体像桥拱一样弯曲，上身从腰椎开始慢慢直起。

（5）向后下胸腰，手从身体两侧分开，放在身体后面，两手支撑住整个身体，胸腰慢慢向上，身体恢复直立坐姿，手回来抓住脚踝。

（6）两脚伸直，分开成横叉的姿态，手放在地面上，双手架在身体两侧。

（7）向左下旁弯腰，身体直立。

（8）向右下旁弯腰，身体直立，左腿伸直，右腿向后弯曲，手扶地面。

（9）向前下腰，身体直立，前腿收回来弯曲，后腿伸直。

（10）向后下腰，身体直立，另一侧前腿伸直，后腿弯曲。

（11）向前下腰，身体直立，前腿收回来弯曲，后腿伸直。

（12）向后下腰，身体直立不动。

组合训练 2：燕子飞。

训练目的：手臂、身体、眼睛的综合训练。

准备：手放在身体两侧，小八字脚站立。

（1）右手抬起，在身体旁做小的波浪手两次，同时自然地蹲起，左手做相同动作。

（2）做大的波浪手，手臂带动侧旁腰的律动，同时自然地蹲起，另一只手做相同动作。

（3）双手同时做大波浪手，带上身体的律动，加上呼吸的配合，自然蹲起，重复一次。

（4）双手从身体两侧推到前方，同时含胸、弯膝—双手到头上方，仰头。双手从两侧分开，下后胸腰，手打开到身体两侧，直膝，重复一次。

（5）重复重复第 1 步的小波浪手，脚下小碎步向右横向移动，原地蹲下，左边动作相同。

2. 训练二：生活化场景训练

活动时间：建议 60 分钟为宜。

组合训练 1：健康歌。

训练目的：双人镜像练习及人物的简单塑造。

准备：两手叉腰，小八字脚站立，老爷爷背手站立。

（1）右脚左脚原地踏步，双手叉腰，右脚勾脚，左脚蹲两手攥拳在胸前，两手交替滚动—右、左、右脚踏步—左脚勾，右脚弯膝。

（2）下前腰对抗左腿方向，左腿直，右腿弯，压一下韧带，双手交替滚动，从下到上慢慢举高起来—左脚打开成两脚，打开站立。

（3）向左脚下旁右手伸长—相反向右下旁腰，左手伸长。

（4）手出前伸出去 90 度下前腰，直接从前腰滑到侧旁腰，再划到后胸腰，身体直立。

（5）原地踏四步，左脚勾脚右腿蹲两手交替，胸前滚动，另一视角开始动作重复。

（6）向旁下腰，向另一侧旁下腰，原地转一圈。

组合训练 2：雨后彩虹。

训练目的：情境的身体想象力表演训练。

要求：为每种颜色要设立一个标志性的可重复的动作，并在此基础上进行此颜色运动方式的发展变化。

准备：手交错拉手，正步位准备。

（1）小碎步横移，如雨水一样流动，蹲住，重复另一边移动。

（2）半脚尖小碎步转身，手拉手不松开，转成背对观众。

（3）感受赤、橙、黄、绿、青、蓝、紫的变化。

（4）用运动表现颜色的变化。

二、表达能力

语言是人类交流最重要的工具，以声达意、以音传情，是每个学生都应当掌握的重要技能。

1. 能力训练 1：小小朗读者

活动时间：建议 60 分钟为宜。

同学们，能声情并茂地在舞台上朗读，带给大家身临其境的感受是一件多么美好的事情啊。那么，我们在准备朗读的过程中，应该达到哪些要求呢？

（1）发音准确。如果朗读的语音不规范、口齿不清楚，听众就会产生模糊不清的理解，很难有美的享受。所以在朗读时要注意语音、语速、语调，重点强调的部分要重读，根据句子的长短、情感的需要还需停顿或延长发音。

（2）大声朗读。很多同学上台面对观众时会感到紧张羞涩，声音小到只能自己听到。如果朗读时的音量过小，气息太弱，听起来会很费劲，影响整个朗读的效果。所以，我们要确保朗读的时候声音洪亮。自己练习时，可利用录音机、录音笔、手机等设备的录音功能，录下自己朗读的内容，反复提高朗读质量。

（3）大方自信。朗诵的台风也是非常重要的。首先，我们要对自己朗读的文本多次练习，达到非常熟练的程度，这是保证自信的首要前提；其次，可以在正式演出前，在舞台上多次彩排预演，这会对缓解紧张很有效；最后，上台前可以深呼气，在台上面带微笑、身体保持直立、目视观众，学会同时用语言、眼神、动作跟观众交流，这样的朗读才更吸引人。

2. 能力训练 2：超级演说家

活动时间：建议 60 分钟为宜。

同学们，能大方、自信地在公众面前通过演讲表达自己的观点，是表演戏剧所需的重要基本功。那么需要做到哪几点才能成为一名"超级演说家"呢？

（1）要有开头结尾。好的演讲开头，能够给观众留下深刻的印象。基本的信息介绍是必要的，如"大家好，我叫 xxx，今天我演讲的题目是……"主题切入的角度巧妙也会唤起观众的兴趣。另外，演讲的结尾，如果能再次强调自己的观点可以起到点睛的作用，最后不要忘了对大家的聆听表示感谢。

（2）保持同一话题。在演讲的过程中，要确保演讲的内容始终围绕同一话题，学会使用具体案例、观点分析来支撑演讲，也可用图片、视频来丰富演讲效果，但切记不要讲着讲着就把话题扯远了。

（3）运用思维导图。准备演讲内容时，要整理自己的想法，形成演讲稿后不是逐字逐句地死记硬背，而是要列出讲稿的整体框架以及具体分支，并用思维导图的形式让它们清晰化、形象化，使内容便于记忆，让表达的内容像呼吸一样自然。

第二部分　场景排演篇

一、戏剧故事

1. 故事表演一：小马过河

活动时间：建议 60 分钟为宜。

亲爱的同学们，你们一定很喜欢听故事吧？如何才能把故事讲得引人入胜呢？就让我们一起来学习一下吧。

同学们，你们知道吗？要讲好故事，离不开两大要素：一是"话"，二是"表"。所谓"话"，是指有声语言，即用标准的普通话直接叙述，说明故事的情节和内容。

（1）语音标准：即用普通话表达。

（2）口语化：通俗易懂，亲切而有感染力，生动形象，如开头用交谈的方式："大家喜欢听故事吗?""好，那我今天……，名字叫《……》"讲故事时要多用短句："森林里，住着马妈妈和一匹小马。有一天，马妈妈对小马说……"

（3）脱稿表达：脱稿的难度比较大，但是它可以帮助表演者在动作、表情的表现上更加自如，要达到这样的效果就要把故事烂熟于心，才能呈现出引人入胜、精彩绝伦的表现，使故事讲得更生动形象。

（4）语气语调的变化：要避免"娃娃腔"，注重快慢、轻重、缓急、抑扬的起伏变化。例如，猴儿终于找到个大西瓜（高兴），可是怎么吃呢（发愁）?

所谓"表"，是指无声的语言，即"表演"，包括讲故事人的语言、手势、眼神以及思想感情的表达。

（5）凸显人物个性：讲故事时要根据故事里的男女老少、性格特点等进行分析，要用不同语调、语速等来表现不同身份、不同特点的人物形象。例如，在《小马过河》这个故事中，各个人物分别有以下特点：

老马：妈妈型，柔和亲切，轻、慢、低缓。

小马：男孩型，粗重、清脆，急、高、偏亮。

老牛：伯伯型，浑厚粗重，轻、慢、低缓。

小松鼠：女孩型，尖细、清亮，急、高、偏亮。

（6）模拟人物个性：在分析了不同人物特点后，就要开始用心琢磨怎样能模仿出这些不同的个性特点，一是可以从声音上进行模仿；二是可以从表情和动作上来表现人物个性。

老马对小马说："你已经长大了，能帮妈妈做点事吗?"（如上身略微前倾，用手做出爱怜地抚摸）

小马说："怎么不能? 我很愿意帮您做事。"（如瞪大眼睛，认真、欣喜地频频点头）

同学们，现在你们知道该怎么讲好故事了吗？快来试一试吧，比比看，谁讲得更精彩！

2. 故事表演二：狐假虎威

活动时间：建议 60 分钟为宜。

《狐假虎威》是一个非常生动有趣的寓言故事，是一个关于狐狸借着老虎的威风吓跑百兽的故事。故事的主人公是狐狸和老虎，狐狸以狡猾闻名，老虎则凶猛无比。故事长短适中，层次清晰；动物性格鲜明，对比强烈；词语运用恰当传神，可读性强，是一个非常适合低年级学生来表演的故事。

（1）试着讲一讲第一自然段的故事情节。在这段中，通过"扑、逮"等动作，我们可以知道是老虎更加厉害，尽管狐狸从老虎身边"窜"过，可老虎还是逮到了它。请思考一下，狐狸为什么是"窜过"呢？为什么不用"跑"呢？你认为它俩到底有什么不一样？在读的时候请读出老虎的凶猛和狐狸的精明。

（2）试着讲一讲第 2～6 自然段的故事情节。在讲这段故事时，要注意找出描写狐狸和老虎的语气、神情和动作的语句，如狡猾的狐狸眼珠子骨碌一转；老虎一愣，想想应该用怎样的语气分别模仿老虎和狐狸的话。例如，狐狸扯着嗓子问老虎："你敢吃我？"老虎气得火冒三丈，心想："一定要去找狐狸算账！"

（3）试着讲一讲 7～8 自然段的故事情节。在讲这段故事时，要注意体会和表现出不同动物的心理变化。例如，狐狸走在前面，老虎走在后面。一个是神气活现、摇头摆尾，还有一个是半信半疑、东张西望。这两种不同的状态要表现出来。再如，野猪、小鹿、兔子看到狐狸大摇大摆地走过来，和往常很不一样，不明白是怎么回事。要把他们疑惑的心理表达出来，因为过去狐狸可没这么威风，今天怎么这么神气活现，走路的样子都不一样了，这是怎么回事呀？当他们看到狐狸身后有一只大老虎时，要读出那种惊讶、害怕的语气。

讲故事是一件趣味十足的事儿，通过讲故事，可以让我们化身为故事里的动物、人物甚至植物，可以让我们更深入地理解故事，感受故事表演的快乐。

二、戏剧游戏

爱玩是孩子的天性。在游戏中他们可以尝试不同的角色，并乐此不疲地重复，这恰恰是戏剧游戏给儿童提供的学习和锻炼机会，在完成游戏的过程中，不仅需要通力合作，还需要他们积极地寻找问题解决的办法，而这个过程恰恰锻炼了儿童观察、模仿、想象、创造等各方面的能力。

1. 游戏体验一：抓尾巴游戏

活动时间：建议 60 分钟为宜。

（1）课前准备。准备 6～7 个长约 1 米的布条。

（2）游戏规则。每一次游戏人数约为 10 人，给其中的 7 位同学每人发放一个布条，剩下 3 位同学没有布条，请有布条的 7 位同学将布条塞入裤子中作为"尾巴"，没有"尾巴"的 3 位同学，要设法去抓住那 7 位同学的"尾巴"，一旦抓到了，"尾巴"就属于他们，而丢失"尾巴"的同学立刻转变身份，加入追赶者当中，继续去抓"尾巴"。

（3）注意事项。这个游戏具有一定的危险性，在进行游戏之前，教师要提醒学生在保护"尾巴"的同时也要注意保护自己。

（4）变化玩法。

将学生分为 4 组，每一组拥有不同颜色的布条，追赶者的胳膊上也绑上相应颜色的布条，追赶者只能抓住与自己同一组同学的"尾巴"，给每组一分钟的时间追赶，看哪组抓到的"尾巴"最多。

将学生分为两组，让一组学生担任保护者的角色，设法阻止追赶者追逐他们要保护的对象，但他们不可以主动碰触任何人。

2. 游戏体验二："海"里有鲨鱼

活动时间：建议 60 分钟为宜。

（1）课前准备。准备一间有一定活动空间的教室和 4～5 个呼啦圈。

（2）游戏规则。13～16 名同学参与游戏，呼啦圈分散放在地面上，代表"海"上的一座座"岛屿"，"岛屿"被"大海"包围着，"海"里不时有"鲨鱼"出没。当"鲨鱼"出现时，学生要在规定时间内尽快到"岛屿"上。但是每座"岛屿"上最多只能容纳 3 人，没有及时上岸的同学只能被淘汰。

游戏开始时，学生在"大海"里尽情遨游，当老师呼喊"海里有鲨鱼"时，学生必须快速"游"到"岛屿"上。

随着游戏的进行，老师可以逐渐减少"岛屿"的数量，增加游戏的难度，使学生越来越难以获得"安全"。

（3）注意事项。当老师说"海里有鲨鱼"时，学生可能会因为紧张而强行进入已经满额的"岛屿"，请叮嘱先进入"岛屿"的学生不要相互推搡，以免出现安全问题。

（4）变化玩法。在规定时间内未找到"岛屿"的学生可以变成"鲨鱼"，阻止"游泳者"上岸，但必须记住遵守"不碰触"的规则。

三、戏剧表演

一个从小就有机会参与戏剧表演的孩子，会获得一种更能适应社会的技能，成为具有人格魅力的社会角色。培养儿童对戏剧表演艺术的兴趣，可以启迪心智、开发潜能，释放天性，让儿童更自信、更友善、更快乐。

表演训练：超级编剧

活动时间：建议 120 分钟为宜。

亲爱的同学们，你们知道吗？一出戏剧演出除了演员之外，还有一个重要的元素就是剧本。你们有没有看过剧本呢？剧本是戏剧艺术创作的文本基础，是演员进行表演的依据。为了让演员们都能看懂，并且能准确理解自己的角色和搭档的角色，所以剧本都有固定的格式，以代言体方式为主，表现故事情节的文学样式。在排练前，演员要先能看懂剧本，并能揣摩剧本中场景的冲突、人物的角色，这样我们在进行排演时，才能表达出剧中应有的情绪、表情、动作，演员之间也能减少许多相互磨合的时间。

戏剧演出前，老师会发给每位同学一份戏剧表演的剧本，介绍戏剧类型，如悲剧、喜剧、心理剧等。然后，讲解剧本里基本的呈现形式，分析剧中的情节，并说明引发、高潮与结局。

同学们可以根据剧本内容，在小组内讨论分析剧本主题和剧中角色。

各组自行分配人物角色并简单走位表演，排演时要按照剧本内容来进行，不可擅自改编或自编，排演完，各组依序上台表演。

教师会发给每位同学一张评分单，当各组上台演出时，大家在台下依据表演内容、表演水平的高低打分，并记录在评分当中。在全班表演完后，各组讨论刚刚观看的内容，并给出自己的见解。

一般来说，剧本会在一定的基础上，做出创造性的改编，那么我们如何选择和改编剧本呢？

（1）剧本的选择。剧本的选择需要考虑以下三个方面：一是要选择健康活泼的思想内容；二是要选择易于表演的戏剧作品；三是要选择具有跌宕起伏的故事情节的作品。

（2）剧本的改编。选择好剧本后，还需要对剧本进行改编，可以通过改换或增加故事角色、改编旁白和心理活动、增添情节的趣味性等三种方式进行。

第一种方式：增加故事角色，使故事更加丰富。例如，故事《小蝌蚪找妈妈》中，出现了"乌龟"和"鲤鱼"等角色，改编时，我可以增加现在学生比较喜欢的角色，它们可以是憨厚的或机灵的，有了对比和矛盾冲突，后续的表演就会更加精彩。

第二种方式：改编旁白和心理活动，帮助观众理解戏剧内容。文学作品中常有一些描述性的语句不适合直接表演，因此从作品到表演必须有一个加工的过程，即把描述性文字转化为具体的语言和动作，使之符合表演的需要。

第三种方式：增添情节的趣味性。一些知识性和教育性较强的故事，往往缺乏趣味性。在故事主要情节不变的情况下，可以增加一些生动有情趣的内容以利于表演。例如，在情节中增添一些动词、拟声词等，使故事情节起伏跌宕，充满趣味性。

第七节 "育心"课程的假期拓展活动

整理书包要爸妈帮忙，打扫卫生也要奶奶代劳，写个作业在家又吵又闹……这样的"小公主""小王子"在学校里并不少见，家长重学习、轻劳动，重知识、轻能力的观念也造成了学生在综合素质发展上的缺失。尤其是在假期中，如何延续学生在学校养成的良好习惯？"育心"课程的假期拓展活动如何开展？成为学校思索的课题。

一、导向驱动，思考假期作业目标定位

青岛市教育局发布的《青岛市促进中小学生全面发展"十个一"项目行动计划》，旨在通过"十个一"项目的开展，全面落实新时代立德树人工程，加快推进教育现代化，办人民满意的教育，培养德、智、体、美、劳全面发展的社会主义建设者和接班人。结合此文件精神，我校在不增加学生假期负担的基础上，通过设计内容有益、形式新颖、心理悦纳的假期作业，给予学生和家长合理化的指导建议，引导学生科学、健康、快乐地度过假期生活。

二、价值引领，确定假期作业设计原则

1. 全员参与与作业减负相统一的原则

"十个一"项目行动计划从德、智、体、美、劳等各方面对学生提出具体要求，让每位学生立足基础，养成习惯、培养兴趣，开发潜能。学校在进行假期作业设计时，既遵循全员性原则，为每位学生提供可供自主选择作业内容；又根据学生的个体特点，对作业进行能力与喜好的分层，减少机械类、形式化严重的作业设计，避免因项目过多给学生带来作业负担。

2. 全面发展与个性发展相统一的原则

学校结合"十个一"项目进行作业设计的目的就是既要尽可能地挖掘学生的各项潜能，又要突出对特殊禀赋学生的培养，使得项目实施的内容与学科实践相互促进，有机融入假期生活。

3. 全程体验与弹性调整相统一的原则

好的作业设计并不仅仅着眼于一时，而是为学生终身发展奠基。因此，学校对假期作业的设计既要注重好的习惯养成与能力培养，又要针对不同年级、不同学科假期作业的难易程度、项目数量等做出合理调控。

三、"育心"课程的假期拓展活动实施路径

学校将"十个一"计划与学生的假期生活和学习内容进行有机整合，通过开放性、探究性、实践性的作业设计，设计出环环相扣的作业实施路径，构建起"学校假期成长作业体系"。

1. 学校整体规划，确定作业主题

学校将假期作业纳入整体教学规划，根据各年级学生认知发展特点，从不同视角开展模块分层作业设计。学校将此次假期作业主题凝练为"校园梦·家国情"，在参考大量国内外设计案例的基础上，分别从体育、艺术、阅读、劳动、研学等"十个一"项目计划的角度设计了形式多样的"自助餐式"作业内容，供低、中、高年

级学生自主选择，力求在每个小习惯中积累经验，在每一个小技能里谱写未来。

2. 教师创新思路，设计作业内容

教师设计的作业里洋溢着满满的爱国情。为了避免让道德教育与爱国情怀沦为生硬的说教，真正根植于学生幼小的心灵中，学校以"爱"为出发点和归宿点，多角度切入开展爱国主义情感教育。

在"体育技能篇"中，让学生了解一个冬奥会项目，并认识我国在该项目上的知名运动员。同时，学生要根据自己最需要或最喜欢的运动项目，制订假期健身计划，合理安排好时间，坚持锻炼，并记录下自己的内心感受。在"艺术欣赏篇"中，让学生从信息、音乐、美术、语言等各学科角度欣赏歌曲《国家》。例如，利用手机、电脑，你可以用几种方式查找并下载这首歌曲？通过用动作感受拍子的强弱规律，你认为这是几拍子的歌曲？听了这首歌曲你有什么样的感受，能否用颜色、线条等方式表达你的感受？通过观看视频，你能学会哪些手语动作？在"研学游历篇"中，试着研究一下手机相册的功能，用动态图片或视频的形式记录一次研学经历，或用图文并茂的方式进行记录；选择一本台历，将台历原图背景覆盖，制作一本记录自己旅行经历的台历；在回老家、逛庙会的时候，也不要忘记这是了解民俗文化的好时机，可以工整地抄写读到的春联或灯谜。

良好的习惯是人生的第一张名片。为生活做准备、为走向社会做准备的教育，才是学生真正需要的教育。为了让学校里的常规教育、学科教育延伸至学生的实际生活中，学校专门设计了这样的作业内容：在"文学欣赏篇"中，让学生坚持填写阅读记录卡，并以"思维可视图"的方式记录自己的阅读内容，分析其中的逻辑关系，表达自己独特的观点。在家庭理财篇中，让学生记录每一笔压岁钱的来源及金额，并和爸爸妈妈一起初步了解银行存款、理财保险、

国债基金等不同的储蓄方式后，制作一个属于自己的压岁钱使用方案。同时，还可以对学生的批判性思维进行训练，如果出现爸爸妈妈说小学生还小，要帮忙存"压岁钱"的情况，应该怎么办？请将自己的做法记录下来。

3. 学生倾情参与，涌现作业新意

教师对整个假期作业的发布、实施与落实等各个阶段设计精细、环环相扣、反馈适时，充分调动起了学生参与的积极情绪。

（1）作业发布：各班班主任在假前将学校实施此次成长作业的整体方案及具体设计范例发布给全体学生及家长，以假前班会和家长会的形式分别向学生和家长宣传介绍此次假期作业所倡导的理念，并根据作业内容细致分解标准要求，提高学生的重视程度，获得家长的理解与支持。

（2）作业实施：为避免作业流于形式，学生实践过程缺乏指导，在放假前期、中期和后期，班主任和相关任课教师相互配合，在班级群内对作业的完成过程进行耐心讲解与适时指导，并鼓励学生以拍照发图或视频的形式反馈作业进程，分享研究成果。

（3）作业展评：开学初，各班组织开展假期成长作业交流会。实现假期作业教师一一点评，学生百分百参与，班级全员欣赏的突破。在此基础上，各班利用班级内外展板和"花开校园"展板进行优秀学生作品展示。一份份精彩纷呈的作业不仅记录了学生的假期成长之路，也让每位学生在各方面都得到了不同程度的提升。

四、评价激励，呈现假期作业的花样百态

最美的作业是学生喜欢，最好的作业是收获成长。在经历了作业内容由封闭转向开放、呈现方式由死板转向灵活、评价角度由单一走向多元之后，学生体验了假期作业的"变形记"，在玩中学，在做中成长。一份份记录详细的记账单、一张张思维开拓的阅读卡、一副副古诗配画的诗文图，真实、生动、多元地记录着学生独

一无二的假期生活。"育心"课程的假期拓展活动激活了每一位师生的兴趣点，实现了教育力量的再生长。

第八节　"育心"评价共促师生发展

学校的评价体系在多次课程改革中日臻完善。评价的功能从最初的用以认定、判断评价对象合格与否，到引领评价对象朝着理想目标前进，其激励功能被充分重视起来。合理有效地运用教育评价，能够激发和维持评价对象的内在动力，调动被评价者的内部潜力，提高其工作的积极性和创造性，从而达到教育发展的目的。对于"育心"课程的评价，我们更加注重过程性与生成性，最大限度地发挥评价地调整功能，促进师生共同成长。

一、多方参与的评价主体

学校建立多元主体的评价机制，多渠道获取信息，协调、整合由学校、教师、学生和家长共同参与完成的评价信息，形成平等、民主、对话与协商的评价模式。

1. 学生成为评价主体

学生是教学活动的直接参与者，是对教师教学效果和自我学习成果最有发言权的评价主体。学校定期组织学生以无记名投票、文字描述、绘画等形式开展"我心目中最喜欢的教师"评选活动。同时，在学业与活动评价中，学校重视以自我评价的方式提高学生自我激励、自主管理的意识和能力。

2. 教师学会相互欣赏

为了增进教师团队的凝聚力，满足教师存在感和价值感的心理需求，学校通过"请让我来夸夸你"会前热身，工会瑜伽、羽毛球健身活动，团队心理训练等形式，完成以"换位思考—团队协作—职业幸福感"为流程的主题职业团队训练，让教师各取所长，相互欣赏。

3. 家长参与师生评价

学校深入开展"小手拉大手、提高满意度"活动,通过家委会例会、家长进课堂、家长培训会等活动让家长走进学校,了解教师的实际工作情况。通过家长满意度评测表,从师德、教学、班级管理等方面了解家长对学校层面和各科教师的态度与建议。对于家长的评价,学校及时向教师进行反馈,对于不满意的方面则进一步进行沟通与协调。在学生评价方面,学校注重引导家长通过参与学生的学业和活动评价,了解学生发展近况,与学生共读、共写、共生活。

二、多项丰富的评价活动

1. 趣味横生的班级评比

为培养学生问好、用餐、走路等文明礼仪习惯以及个人、班级的卫生清洁习惯,学校创造性地运用动画片、游戏中的主题和形象,开展"乐乐伴我好成长""我的开心农场"等妙趣横生的班级量化评比。为了凝聚班级向心力,学校积极开展"最美教室"评选活动,通过班名、班级承诺的确定,读书角、达人榜的建立,绿植、书画和手工艺品的装饰,使得"一班一特色"的班级文化悄然形成,让学生在安全、和谐的氛围中体验课程共同成长。

2. 和谐美满的家庭评选

温馨祥和的家庭氛围是与学校教育相得益彰的教育合力。学校定期与家委会成员从社会公益、为校服务和学生在校表现等各方面综合考量,共同推荐"美德家庭"获奖名单。学校利用展板,对入选家庭的全家福及家庭宣言进行展示。

3. 百花齐放的个体评价

为激励不同层次的学生获取成功的体验,学校制定了"七彩少年"个体评价方案,即通过红色"美德少年"、蓝色"乐学少年"、紫色"艺术少年"、黄色"运动少年"、青色"科创少年"、橙色"阳光少年"和绿色"潜力少年"的评选，表彰在"品德、学习、艺术、体育、科技、心态和潜质"七个方面评选出表现突出的学生。学校激励的是学生的专长与努力，得到的是学生对成功的体验和自信的树立。每学期，全校学生的表彰覆盖率达 100％。

三、全程动态的评价途径

关注师生的动机、需要、兴趣、情感等非智力因素，是师生能力和智力处于正态分布的前提下，提高教与学质量的重要手段。因此，学校将评价实施定义为一个动态监控、巧妙激励的过程。

（一）教师评价

1. 细致科学的常规监控

在教学管理方面，学校坚持"常监控—快反馈—抓落实"的考评流程。在每学期的期初、期中和期末，至少对全校教师进行三次集中性的常规教学检查，并对各级部进行不定期的重点抽查，分别从电子备课、学科组集备、二分钟候课、课堂教学、作业量、作业批改、学科质量分析、题库建设、材料上交等方面进行常规监控。优秀和达标等级情况在全校进行公示，并由分管干部单独跟进需要整改的个别项目。

2. 全面合理的综合评定

对于教师的学期和年度考核、职称评聘、称号推荐等综合项目评定，学校出台了规范的评定流程，成立了学术委员会。在自评、他评的基础上，从师德、教学质量、家长满意度、获奖成绩和指导学生情况等各方面对教师进行全面的定性与定量评价。

3. 鼓励多元的特色评选

每学期的教学总结会上，学校专门设置了"特色教师""师德标兵""优秀班主任""科研成长奖""教学质量奖"等个体奖项以及"优秀年级组""优秀教研组""洁净办公室"等团队奖项，从而肯定和激励在各个方面表现突出的教师。学校在每个月和学期末全体教师大会上，以照片、视频精彩瞬间采撷的形式，带领教师在轻松愉悦的氛围中，回顾和感受与学生共享生活的点点滴滴。

（二）学生评价

1. 润物无声的过程评价

学校为每名学生准备了"成长档案袋""美德礼盒""古诗考级卡""五彩悦读读书心得卡""'心'赏卡""赞美卡"和"一周健康生活记录表"等设计精美的评价卡，以及学生在校内外取得的获奖证书。评价卡附有学校、老师、家长对学生的激励性评价以及学生对自我努力程度的评价。

2. 精心打造的成果展示

每次主题实践活动之后，学校的微信平台、校园网、"花开校园"学校展板、各班级展板，甚至学校的一廊一柱一墙、班级"小拍客"家长群等都是学生的成果展示平台，朗读作品、书画习作、篆刻作品、精品作文、环保创意、科技制作、手工艺品、摄影作品、调研报告、手抄报和读书笔记等都在这些平台上得以展示。这种方式极大地激发了学生的参与兴致，也为家长了解学校教育建立了一个途径。

3. 花样缤纷的别样表彰

学校从学生的天性和兴趣出发，根据课程设置和培养目标，为学生创新性地设立了八项别样的表彰项目，即"幻影校园小影评人""遨游书海小书虫""亲子互动小当家""校园学院小讲师""动手实践小创客""快乐生活小达人""阳光娱乐小能手""爱心传递小使者"。丰富多彩的奖励形式激励着学生不断向乐学、善学、会学的方向努力发展。

马斯洛提出，人类有被尊重与自我实现的需要。如何通过多元完善的评价让每位学生在成功的经历中体验认同感与价值感，并由此生发兴趣、树立自信、获得不怕挫折的成长动力，是"育心"评价的发展性目标。同样，通过评价调动教师工作积极性，激励教师专业成长，帮助教师明确努力方向，是学校进行教师评价的根本出发点和最终落脚点。"育心"评价旨在运用多元智能理论，多角度、全方位地进行师生评价，引导不同潜质的教师实现在原有基础上的最大发展，激励不同潜能的学生都能获得成功的体验。在学校的花圃里，每位学生都是一株含苞待放的花骨朵。多彩的师生评价不断鼓励学生做最好的自己，见证他们花开的过程。花开校园，点亮未来，让爱、让温暖、让希望在校园里绽放。

第九节　"育心"学校文化从萌芽到发展

学校教育的最终目的在于促进学生的全面发展，充分挖掘教师和学生的潜能，使他们能主动追求和实现个人对未来社会的价值。而这一切，必须在心理健康的状态下进行。心理健康的状态是保持性格稳定、智力正常、认知正确、情感适当、意志坚强、态度积极、行为恰当、适应良好的状态。只有主体保持良好的状态，并且充分发挥其身心潜能，才能实现师生健康、温暖地成长。学校从最初尝试开展心理健康教育活动，逐渐推进心理健康教育特色，到目前形成"育心"文化，一路走来，追寻探索之路艰辛而执着。

一、"育心"学校文化从萌芽到发展

学校文化特色的形成过程，是学校遵循规律、不断积淀、与时俱进的过程。它作为一种独特的力量，对学生的健康成长有着巨大的影响。我们根据学校的办学风格和优势，形成特色项目，而后以此为基础，充分发挥优势项目的引领性和辐射性，以点突破、点面结合，培育和发展出新的学校文化理念及特色。从这个角度来看，学校文化特色的形成是一个从发展优势项目到整体文化特色生成的过程，是一个从自然生成到自觉引领的过程。

　　小学开展心理健康教育，既是学生自身健康成长的需要，也是社会发展对人的素质要求的需要。学生处在身心发展的重要时期，随着生理和心理的发育和发展、竞争压力的增大、社会阅历的扩展及思维方式的变化，在学习、生活、人际交往和自我意识等方面可能会遇到或产生各种心理问题。他们的健康成长，不仅需要一个和谐宽松的良好环境，而且需要教师帮助他们掌握调控自我，教会他们发展自我的方法与能力。学校在探索心理健康教育的实施过程中发现，心理体验活动是一条可以走进学生内心的捷径。这一阶段学校开展的"走进心理体验馆，体验人生百态"活动，针对焦虑、孤独、逆反和沟通等多个专题，开展师生间、家校间、生生间心灵的对话，初步感受心理健康教育对于学生重要性和必要性，各类活动的开展让教师、家长和学生受益匪浅。

　　心理健康教育活动的成功举办，促使学校由表及里地继续深入研究，初步构建起了学科课程、活动课程和隐性课程"三位一体"的心理健康教育课程体系。自"十一五"课题《师生心理健康的研究》开启心理健康教育科研之路以来，"十二五"课题《心理健康教育在校园特色文化建设中应用的研究》继续致力于学校各项建设与心理健康教育特色的有机融合，实现"育心"文化的迈进，再到"十三五"课题《小学生积极心理培养的行动研究》通过营造积极情绪体验的育人氛围，探索积极人格品质的课程资源，构建积极心理潜能的评价体系，开启对学生积极心理品质的培养。"育心"的理念已渐渐深入人心，"育心"成为学校师生工作、生活的重要方式，团队建设合力得到充分发挥。通过开展对内外心理环境的研究，探索以支持性、预防性、体验性和自主性为主的教育模式，从创建文化环境、锻造双向师资、依托课程资源和链接校园活动入手，培育师生健康的生活方式。经过全校教师、家长和学生的共同参与及反复论证，又邀请了相关专家予以指导后，最终形成了学校"育心"文化的核心。

二、"育心"文化的内涵与载体

教育的本质就在于"文化育人"，通过文化的传承和创新，使个体社会化。学校文化只有与教师、学生的生活紧密联系起来，才具有真正的意义和价值。

"育心"文化内涵为"以心'育心'，心心相印"，以人为本，遵循规律，唤醒、激发和培育师生生命的力量。从"入心"的学校管理、"共心"的师资队伍、"精心"的课堂教学、"润心"的德育活动和悦心的评价体系延展而出"花儿朵朵开"五位一体实施途径，不断引领"育心"文化纵深发展。

1. 人文关怀——"入心"的学校管理

学校管理始终从"人本关爱"的角度出发，形成以开放办学、民主管理、团队共赢、激励机制为支撑的管理文化。学校"敞开大门办教育"，通过家长开放日、家长义工驻校等活动尽可能满足家长的诉求，获得家长的认同感。学校在推行全员聘用制、项目负责制、评优选先等运行机制的过程中，用共同的价值追求凝结人心，用适切的管理制度形成合力，将层级管理与项目管理相结合，逐步建立管理分权、职责明确、任务落实的运行机制。学校工会坚持做好细致入微的送温暖工作，对于涉及教职工切身利益的热点问题加强调研，依法维护教职工合法权益。学校通过"怡情工程"的开展，设置了健身解压、文化传承、团队建设等文体活动，不断提升教师的审美情趣与生活态度，形成充满人文关怀的和谐团队。学校注重发挥评价对教师的导向激励作用，定期评选"感动校园月度人物""党员先锋岗""最美教师""特色教师"等，发现教师的闪光点，多方面肯定不同特质的教师个体和团队；形成忠于职守、爱岗敬业的职业精神，树立顾全大局、关注细节的工作作风，让学校成为满足教师身心发展的精神家园。

2. 激发潜能——"共心"的师资队伍

学校以培养高尚师德与锻造专业师能为目标，打造共心的教师队伍。学校广泛发掘师德楷模，表彰优秀师德典型，大力弘扬崇高师德形象。学校通过微信平台定期推出教师风采展，唤醒教师个体的内在行动力，激发团队合作自豪感，使广大教师学有方向，做有动力。学校坚持开展"小手拉大手，提高满意度"活动，家长满意度逐年提高。每年一度的"爱心一帮一"家访入户活动，力求做到"四个进家"，即教育政策宣传进家、家庭教育指导进家、学困生转化进家和个性化关爱进家。对学困生、贫困生进行有的放矢的"精准帮扶"，凝聚了教育合力，形成了学校、家庭、社会共同关注学生身心健康成长的育人环境。每学年，教师家访参与率和受访学生实现100％覆盖。作为市优秀校本培训学校，学校坚持通过"请进来，走出去"相结合的培训方式打造专业能力，实现教师教育从独立封闭向多元开放的转变。学校搭建平台，积极聘请专家、名师做客"学校讲坛"；同时，积极外派教师赴教育发达地区深度学习、开阔视野。学校扎实走好"读书丰厚教师文化底蕴，培养教师思辨能力"的必修之路。学校坚持向教师推荐图书和杂志，让阅读成为教师的教育生活方式。教师组成青年辩论社团，针对教育热点问题展开辩论。学校坚持以课题带动教学研究能力，从《师生心理健康的研究》到《心理健康教育在校园特色文化建设中应用的研究》，再到《小学生积极心理培养的行动研究》，连续十多年利用市级规划课题助力学校教师的科研。近年来，学校开展了"学习巧方法，提升学习力"教学反思活动，梳理出近百条方法用于指导教师的"教"与学生的"学"。学校以团队孵化名师辐射能力，以培养拔尖教师为主的"特色教师工程"，建立以骨干教师为主的"校园英才青年人才库"，以及培养以新任教师为主的"校园新秀团队"。通过有针对性的分层培养，不断提升教师队伍的全面素质。

3. 情智共生——"精心"的课堂教学

学校着力打造以平等和谐、多维互动、以情启智、情智共生为特征的课堂教学模式。随着对心理效应、情感过滤说等理论的学习，教师将学习动机、学习风格和学习策略等非智力因素引入教育教学全过程，"育心"教学法的提炼实施和推广使用，让教师的教学设计更加符合学生的心理特征与认知水平，创设多元学习情境，激发新知学习动机、开展多维交流互动、突出情感体验学习、提供尝试表现的机会。渐渐地，教室中安全平和的心理环境与师生间平等和谐的心理相融，赋予了教学提升精神生活品位的独特意义，让课堂焕发出蓬勃的生命力。从备课与作业两大教学环节入手，引领全科教师对每个教学单元中的积极心理因素进行挖掘，同时鼓励教师创新作业形式，如一年级自画像作业"好棒的我"，帮助学生悦纳自我，获得认同；四年级记录卡作业"学会坚持"，培养学生选择一个好习惯，长期坚持。

4. 综合实践——"润心"的德育活动

以道德修养、健康生活、特色文化和综合实践为主题的德育活动，从儿童的视角出发，将丰富的学生活动整合为符合学生身心发展特点的"金色童年"德育活动体系。学生是否喜欢参与、学生的参与度是学校组织活动最重要的判断标准。学校结合学生成长的心理节点，专门开设了心灵成长课。新生踏入学校的第一天，是带着自己喜欢的玩具参加"入校课程"的，在点朱砂、击鼓、拜师和描红中迎接开笔礼；新少先队员是在"入队课程"中带上鲜艳的红领巾的；学生也会在"十岁课程"中庆祝人生中的第一个十年；毕业生在小学阶段的最后一堂"离校课程"中留下笑声和泪水，带着不舍和憧憬离开母校。每一次开心的笑声和感动的泪水，都是入心入情的活动所带来的独特表达。

5. 多元评价——"悦心"的评价体系

学校以"人的自我实现"为价值追求，确立以多元主体、创新载体、树立自信、全员覆盖为依托的评价体系。每月一次的师生颁奖典礼是全校师生共同期待的表彰仪式，在全国、省、市、区、校级比赛中获奖的学生以及在各个方面表现突出的学生都会走上领奖台，在全校师生的注目中和掌声中完成一次次充满仪式感和荣誉感的成功体验，每学期实现对不同潜能方向的学生 100％的奖评覆盖率。学校还不断创新评价载体，从儿童的天性出发，创立"亲子互动小当家""动手实践小创客"等八项别样的表彰项目，不断激励学生追求全面发展，让师生共享幸福的教育生活。

三、"育心"文化的未来与展望

学校与家长之间、老师与学生之间、学生与学生之间，彼此用理解、信任与支持连接起来，形成了相伴成长的文化力量。学校的文化发展需要立足今天，更需要面向未来。随着时代的不断发展，我们不能因循守旧，而是要不断地对学校文化进行修订、提升与完善，以适应和满足新形势下对教育的更高要求。

1. 继续强化文化基因

文化若水，温柔却有力量，对身处其中的成员行为产生重要的价值引领与行为塑造。因此，在学校根植了"育心"文化基因后，我们还要不断地去巩固它、发展它、强化它。如何能让正确的价值观深入教育教学的各个环节，浸润师生与家长的内心，是学校文化发展所需要认真思索的。学校通过"管理下潜"与"民主开放"等途径打造"共心"的师资队伍，即学校管理者不断深入教学一线，走到学生中间，广听家长心声；学校校务会也将邀请教师共同参与、积极建议和监督反馈，不断实现学校管理的透明化、民主化。"育心"文化的价值追求是实现"人的全面发展"，如何能带领团队冲破原有的行为模式，是学校目前师资队伍发展的瓶颈。教师专业发展的根本动力源自于恰当的内部动机与适时的外部激励，因此，学校进一步通过对教师备课、作业、读书和评优等各项制度和评价机制的改革，增进教师团队的凝聚力，满足教师存在感和价值感的心理需求，调动教师参与教学实验、教育科研和师德学习等活动的积极性，建立一支各有所长、相互欣赏的师资队伍。

2. 不断丰富文化印记

对"育心"文化实施路径的探索后，就犹如一棵文化之树伸展出了枝干，接下来的就是在阳光雨露的滋养中舒枝展叶，而这一枝一叶，就是一个个"文化故事"，它们将是"育心"文化扎根校园最真实而生动的写照，既是一个个孩童成长的印记，也是一位位教师成长的缩影，更是一幅幅记录学校发展的文化画卷。学校将从"课堂""成长""生活""游戏""运动"等多个角度，记录下课堂里精彩的思维碰撞。师生间多维的教学相长，生活中动情的心灵交流，操场上尽兴的奔跑释放，让校园处处洋溢着"育心"教育的幸福模样，聆听着成长蜕变的动人乐章。

教育是文化的涵养，文化是教育的灵魂。一届届师生共同塑造了"育心"文化，"育心"文化又重新塑造了一届届师生。一所学校的发展，就是孕育萌发、扎根立干、舒枝展叶、绽放如花的过程。我校今后将会更加善用"育心"文化凸显学校个性，彰显办学特色，引领发展方向。在优雅的校园环境中，人文的民主管理中，思辨的课堂智慧中，投入的校园活动中，阳光的师生面貌中，遇见"育心"文化滋养下的教育新样态。

参考文献

［1］李希贵. 为了自由呼吸的教育［M］. 北京：教育科学出版社，2017.

［2］王晓虹."三问"教学法［M］. 上海：华东师范大学出版社，2020.

［3］马晓亮. 小学生积极心理品质培养的内涵与途径［J］. 南京晓庄学院学报，2014，30（02）：28-32＋123.

［4］钟启泉. 学校的变革［M］. 上海：华东师范大学出版社，2019.

［5］袁桂林. 当代西方道德教育理论［M］. 福州：福建教育出版社，1995.

［6］郭永玉等. 人格心理学导论［M］. 武汉：武汉大学出版社，2007.

［7］林瞿圣."学校故事学"理论架构之探究［J］. 教育学报，2012，8（06）：61-72＋77.

［8］姚本先，何元庆. 论学校心理健康教育的途径——《中小学心理健康教育指导纲要》实施途径解读［J］. 基础教育参考，2013（5）：19-22.

［9］谭亚菲. 品格优势与大学生心理健康发展研究［J］. 高教学刊，2016（6）：48-49.

[10] 孙文欣．语文，德育的沃土［J］．中小学德育，2015（11）：32-33.

[11] 田春苗．微课在中小学心理健康教育中的应用［J］．中国教育技术装备，2018（13）：112-113.

[12] 孙文欣．以心育心，润泽生命——青岛市洮南路小学德育课程化的探索与实践［J］．小学教学研究，2021（14）：39-40＋42.

[13] 罗日叶．整合教学法［M］．上海：华东师范大学出版社，2009.

[14] 邱爱萍．"六会"教学法［M］．上海：华东师范大学出版社，2021.

[15] 余清臣．学校文化学［M］．北京：北京师范大学出版社，2010.

[16] 张东娇．学校文化管理［M］．北京：教育科学出版社，2013.

[17] 戴启猛．学校文化建设［M］．南宁：广西教育出版社，2017.

[18] 刘元英．立足生本，构建学校心理健康教育新体系的探索与实践——以山西省汾西县第二小学心理健康教育工作为例［J］．教育理论与实践，2015，35（20）：22-24.

[19] 吴静．育心育人：小学"五维一体"校本心理健康教育模式创新实践［J］．中小学德育，2022（9）：38-41.

[20] 王华腾．核心素养导向下小学语文教学品质的提升——评《小学语文教学研究与实践》［J］．中国教育学刊，2022（11）：1.

[21] 顾明华．浅谈儿童故事剧表演指导策略［J］．学前课程

研究，2007（02）：21-22.

[22] 汪文珍．核心素养视角下小学语文高效课堂的构建［J］．基础教育研究，2023（08）：37-40.

[23] 辛学伟．积极心理学视域下的小学班级文化建设［J］．教育观察，2020，9（35）：31-32＋42.

[24] 杨侠，孟超．浅谈劳动教育的实施路径与策略［J］．安徽教育科研，2023（11）：124-126.

后 记

教育就是一棵树摇动一棵树，

一朵云推动一朵云，

一个灵魂唤醒另一个灵魂。

小学阶段是少年儿童人生的起步阶段，是从自然人向社会人过渡的重要阶段，因此，也是塑造健康心智、培养综合能力的关键时期。作为学校教育的主渠道——课堂教学，一直以来都是我们教育者投入精力最大、思考时间最长、培养学生全面发展最重要的阵地。如何把我们的目光从各科教学目标的落实转变到着眼学生全面发展呢？这需要我们改进教育教学方式。

教育的最终目标在于促进学生的全面发展，充分释放学生的潜能，培养个体健全的人格和生存、生活之道，使学生能主动追求和实现个人对未来社会的价值。学生只有在性格稳定、认知正确、情感适当、意志合理、态度积极、行为恰当以及适应良好等诸方面协调的状态中，才可能最大程度地发挥潜能，实现健康、温暖地成长。

2022 年 4 月 21 日，教育部正式发布《义务教育课程方案和课程标准（2022 年版）》，明确了学科知识是培养学生全面发展的载体，素养本位是学生发展的指向。素养以习得的知识为基础，以能力的生成为追求。回归到"人的成长"这一指向，给我们教育者提出了更深的思考。"教育的原点是育人，育人的本质是'育心'"。这一论述强调了教育的本质和目的，即教育的根本目标是培养学生的内在素质和人格魅力，而其中最核心的一项就是心灵的培养。

当积极心理学得到心理学界和教育学界诸多学者的关注和研究后，历经多年，已经成了影响人类审视自身和客观现实的思维方式和行为模式。积极心理学关注使生命更有价值和更有意义的东西，关注如何激发和实现人的潜能。积极心理学主张以"积极"的研究视角关注人的积极潜能，主要集中在对积极的人格品质、积极的情绪体验、积极的社会制度、创造力的培养等方面的研究。其中，积极人格品质主要研究人格特征、自我决定乐观等内容。

我们通过研究分析小学生积极心理发展的品质特征，进行影响小学生积极心理发展的归因分析，开发适合小学生积极心理发展的资源类型，培养有利于小学生积极心理发展的策略研究，以形成利于小学生积极情绪体验的育人氛围，探索塑造小学生积极人格品质的课程资源，构建激发小学生积极心理潜能的评价体系。

始于语文学科的"育心"教学法的创建研究，在探索过程中，不断尝试，逐步完善，从语文学科拓展到数学、英语等其他学科，在课堂教学的应用实践过程中，我们发现，仅仅局限于课堂教学的实践是远远不够的，于是"育心"教学法从课堂走向阅读、走向学校课程，走向更广阔的舞台。

著名教育家苏霍姆林斯基曾指出："育人先'育心'。""育心"教育需要以教育参与者之间互相尊重、彼此理解为起点；"育心"教育是一个身心投入、积极参与，既独立思考又合作探究的过程。实际上，呵护学生身心的健康成长，是一个全社会的问题。如果我们把学生的学习生活比成一个"场"，这个"场"包括学校教育、家庭生活、社会交往等多个方面。学生浸润在这个"场"里，受到多种因素影响，因此，"场"中的每个环节，都是呵护学生身心成长的巨大力量。"育心"教育，不仅仅停留在课堂教学、学校活动层面，它的精髓可以应用于学校管理、教师发展、家校合作、社会合力等方面。

有一种毛竹，在最初五年里，从外观上几乎观察不到它的生长变化，即使生存环境再优越、护理再精心，五年内，它也不会有任何的变化和回馈。但是过了五年，它就会发生神奇的变化，开始以每天大约半米的速度迅速生长，仅仅一个半月的时间，就能长到接近三十米的高度。

其实，这种毛竹快速生长的秘诀在于它发达的根系。在那五年里，看上去默默无闻的它一直都在悄悄地壮大自己的根系，以一种不易被人们发觉的方式在生长——向地下生根，从而为自己5年后的快速生长打下坚实的基础。毛竹的生长与发展，不正像小学生的成长与发展吗？试问我们的教育同仁，是否耐得住五年的寂寞，不抛弃、不放弃那些正在悄悄扎根中的小学生呢？

小学六年，让我们也来一场"毛竹的约定"，用满腔的热情与积极的行动，期待学生灿烂的未来。

作为教育者，让我们不断审视教育的各个环节，发现问题从而思考解决的办法，力求省时高效、事半功倍地实现教育教学效果。教育，是只有起点却没有终点的探究过程，作为教育的参与者——学生、教师、家长，最重要的是在这个过程中获得成长。

"育心"，是一种文化，
在沟通与悦纳中的文化，独立思考，用心引领；
"育心"，是一种精神，
在平等与自主中的精神，相互信任，相互鼓励；
"育心"，是一种追求，
在尊重与期盼中的追求，积极参与，合作探究；

"育心"，是一种氛围，

在合作与超越中的氛围，全面覆盖，辐射生活；

"育心"，是一种习惯，

在勤学与敏行中的习惯，长此以往，执着坚守。

大道无术，教学有法而无定法。在推进教育改革、提升教学质量的道路上，我们愿意通过教法和学法的共研共享，让教师更高效地建设课堂，让学生的未来精彩可期。

孙文欣